ULTIMATIVNI VODNIK ZA KUHANJE GOB

ODKRIJTE VSE OKUSNE NAČINE ZA PRIPRAVO GOB 100 NEVERJETNIH PREPROSTIH IN OKUSNIH RECEPTOV

PETER ZUPANČIČ

Vse pravice pridržane.
Zavrnitev odgovornosti

KAZALO

UVOD

Bela gumbasta goba je užitna goba, ki ima v nezrelem stanju dve barvni stanji – belo in rjavo – obe imata različna imena. Ko dozori, je znana kot goba Portobello. Bela goba je nezrela in bela sorta. Je najpogostejša in najblažjega okusa med vsemi vrstami gob.

Crimini goba znan tudi kot goba Cremino, švicarska rjava goba, rimska rjava goba, italijanska rjava goba, klasična rjava goba ali kostanjeva goba. Criminis so mlade gobe Portobello, ki se prodajajo tudi kot baby portobellos, in so le bolj zrele bele gobe.

Portobello gobe Znana tudi kot: poljska goba ali goba z odprto kapico. Portobello gobe so goste teksture in bogatega okusa. V Italiji jih uporabljajo v omakah in testeninah ter so odličen nadomestek za meso. Če pa želite nadomestek za kruhove žemlje, lahko uporabite celo gobovo ploščato kapico. Odlične so za pečenje na žaru in polnjenje.

Šitake gobe Poznan tudi kot: Shitake, črni gozd, črna zima, rjavi hrast, kitajska črna, črna goba, orientalska črna, gozdna goba, zlati hrast, Donko. Shiitake imajo lahek lesni okus in aromo, medtem ko so njihovi posušeni primerki bolj intenzivni. So slane in mesnate in jih lahko uporabimo za prelive mesnih jedi ter za izboljšanje juh in omak. Shiitake lahko najdete tako sveže kot posušene.

Ostrigar goba so nekatere najpogosteje gojene užitne gobe na svetu. Kraljeva trobentača je največja vrsta v rodu ostrigarjev. So enostavni za kuhanje in imajo nežen in sladek okus. Uporabljajo se zlasti v mešanem praženju ali praženju, ker so dosledno tanke, zato se bodo enakomerneje spekle kot druge gobe.

Enoki gobe so na voljo sveže ali konzervirane. Strokovnjaki priporočajo uživanje svežih primerkov enokija s čvrstimi, belimi, svetlečimi klobučki, namesto tistih s sluzastimi ali rjavkastimi peclji, ki se jim je bolje izogibati. Dobri so surovi in pogosti v azijski kuhinji. Ker so hrustljavi, se dobro obnesejo v juhah in odlično podajo v solate, lahko pa jih uporabite tudi v drugih jedeh.

Goba lisičkaso oranžne, rumene ali bele, mesnate in trobentaste oblike. Ker jih je težko gojiti, se lisičke običajno krmijo v naravi. Nekatere vrste imajo saden vonj, druge bolj lesno, zemeljsko dišavo, tretje pa lahko celo štejemo za pikantne.

Jurčkije mesnata goba, podobna portobellu, jurčki so vrste gob, ki se pogosto uporabljajo v italijanski kuhinji. Njegov okus je bil opisan kot oreščkov in rahlo mesnat, z gladko, kremasto teksturo in značilno aromo, ki spominja na kislo testo.

Šimeji gobaje treba vedno kuhati: gob ni dobro postreči surovih zaradi nekoliko grenkega okusa. S kuhanjem njena grenkoba popolnoma izgine, gobe pa dobijo rahlo oreščkov okus. To je ena tistih vrst gob, ki se dobro obnesejo v praženih jedeh, juhah, enolončnicah in omakah.

Goba Morelima na klobuku videz satovja. Smrčke cenijo gurmanski kuharji, zlasti v francoski kuhinji, ker so izjemno slani in okusni

GOBE BELI GUMB

1. Gobe za žar iz soje in sezama

Sestavine

- 4 velike bele jurčke
- 2 bok choya, po dolžini prerezana na pol, temeljito oprana
- 400 g ocvrtega tofuja, narezanega na debelo

Marinada:

- 2 žlici sojine omake
- 1/3 skodelice medu 3 žlice limetinega soka 1/2 čajne žličke čilijevih kosmičev
- 2 stroka česna, nasekljana

Okrasi:

- Listi koriandra
- Pražena sezamova semena
- Rezine limete

Navodila

a) Za pripravo marinade zmešajte vse sestavine. Gobe mariniramo v 3/4 marinade, cca. 15 minut.

b) Gobe, bok choy in rezine tofuja položite na velik pladenj in vse skupaj prelijte z marinado, pazite, da so gobe dobro prevlečene.

c) Žar segrejte na močnem ognju in gobe pecite na žaru, dokler se ne zrušijo, a še vedno čvrste na otip.

d) V preostalo marinado damo gobe in še enkrat premažemo gobe. Dati na stran. Nadaljujte s peko tofuja in bok choya, 2-3 minute na vsaki strani.

e) Na velik krožnik ali desko položite bok choy s prerezano stranjo navzgor skupaj s tofujem in 4 velikimi gobami na vrhu. Potresemo s sezamovimi semeni in koriandrom ter okrasimo z rezinami limete.

2. Gobova solatna skleda z jajcem

Sestavine

- 500 g belih gob, očiščenih
- 1 bučka, narezana na trakove (z lupilcem)
- 4 majhne do srednje velike pese, brez vršičkov
- 1-2 žlici sladkorja
- 1 čajna žlička soli

Okrasi:

- Sveža zelišča meta, bazilika, peteršilj ali koper
- Črna sezamova semena Limonine ličnice
- 1 pločevinka čičerike, odcejene
- 4 jajca 100 g rukole
- 1 avokado
- 2 žlici olivnega olja
- Sol in poper
- Ploščat kruh na žaru, za postrežbo

Marinada:

- 4 žlice EV olivnega olja
- 2 žlici staranega balzamičnega kisa
- 1 čajna žlička dijonske gorčice Sol in poper Pest natrganih listov bazilike
- Vložen korenček: 200 g korenja, olupljenega in narezanega na julien
- 1 skodelica vode
- 1/2 skodelice belega kisa

Navodila

a) Pečico segrejemo na 180°C. Rdečo peso položimo na velik kos folije, pokapljamo z oljčnim oljem ter solimo in popramo ter zavijemo v kocke. Položite na pekač in pecite v pečici, dokler rdeča pesa ni ravno kuhana.

b) Pustite, da se ohladi. Rdečo peso olupimo in narežemo na četrtine ali osmine. Odložite v skledo in pokapajte z malo več olivnega olja in dodatnih začimb.

c) Medtem kuhajte jajca v vreli vodi 7 minut in osvežite pod hladno tekočo vodo. Olupite in postavite na stran.

d) Za gobovo marinado zmešajte olivno olje, balzamični kis, gorčico, sol in poper. Dodamo narezane gobe in baziliko ter dobro zabelimo. Dati na stran.

e) Postrezite v 4 plitvih skledah. Po notranjih robovih posod v majhnih skupinah položite čičeriko, rezine bučk, rdečo peso z rukolo spodaj, gobe, vložen korenček in avokado. Jajca položite s prerezano stranjo navzgor.

f) Pokapajte z dobro količino ekstra deviškega oljčnega olja, soli in popra, semen črnega sezama in svežih zelišč. Postrezite z limonino ličko in rezino kruha na žaru.

3. Vietnamska solata z gobami in rezanci

Sestavine

- 400 g belih gob, narezanih na tanke rezine
- 230 gm tankih riževih rezancev (vermicelli)
- 1 srednje velik korenček, olupljen in narezan na tanke palčke
- 1 po dolžini prepolovljena kontinentalna kumara, semena
- 1 srednje velik strok česna, drobno sesekljan
- 1-2 majhna rdeča čilija, brez semen in drobno narezana

Okrasi:

- 1/2 skodelice sesekljanih arašidov (če jih uporabljate) ali hrustljave šalotke
- Rezine limete ali limone (neobvezno)
- sezamovo olje
- 1 manjša rdeča čebula, olupljena, po dolžini tanko narezana
- 1 skodelica fižolovih kalčkov, opranih in odcejenih

- 1 šopek koriandra, opran, odstranjene korenine
- 1/2 šopka mete, oprane, pobranih listov

Oblačenje:

- 1/2 skodelice ribje omake
- 1/3 skodelice palmovega sladkorja
- 1/4 skodelice svežega limoninega ali limetinega soka

Navodila

a) Rezance skuhajte po navodilih na embalaži. Sperite pod hladno vodo in dobro odcedite. Odložite v veliko skledo za mešanje.

b) Za preliv dajte vse sestavine za preliv v kozarec in dobro pretresite, da se povežejo. Dati na stran.

c) V skledo z rezanci dodamo korenček, kumare, rdečo čebulo, fižolove kalčke, gobe in 3/4 zelišč. Z rokami nežno premešajte vse sestavine in nato dodajte preliv. Še enkrat premešajte, da se združi.

d) Na velikem servirnem krožniku ali posameznih skledah postrezite solato, prelito s sesekljanimi arašidi (ali šalotko), preostalimi zelišči in zelo majhnim brizgom sezamovega olja.

e) Okrasite z rezinami limone in/ali limete.

4. Smokey BBQ jurčki z lečo

Sestavine

- 4 velike rjave gobe
- 1 skodelica zelene leče
- 250 g stročjega fižola, opranega, brez vrhov
- 400 g buče, olupljene, brez semen in narezane na 1 cm debele rezine
- 100 gm listov solate, mlada špinača/rukola/ mešani listi
- Pest peteršilja, opranega in grobo sesekljanega
- 50 g praženih mandljev v lističih
- Pest listov mete

Marinada:

- 1/4 skodelice EV olivnega olja Sok 2 limon
- 1 strok česna, mlet
- 1 čajna žlička dimljene paprike Sol in poper

Navodila

a) Za gobovo marinado zmešajte 3 žlice olivnega olja, limonin sok, česen, dimljeno papriko, sol in poper. Odložite 3-4 žlice marinade za kasnejšo uporabo kot preliv. Gobe prelijemo s preostalo marinado in dobro premažemo. Odložite za pribl. 20 minut.

b) Lečo skuhamo v hladni vodi in odcedimo. V velikem loncu dodajte 4 skodelice vode na 1 skodelico leče. Za dodaten okus dodajte lovorjev list. Lonec zavremo, nato pa vrenje zmanjšamo na zelo nizko, pokrijemo in kuhamo pribl. 20 minut. S pomočjo sita odlijemo vodo iz leče in zavržemo lovorov list. Pustite, da se ohladi.

c) Fižol in bučo dajte v skledo in dobro premažite z nekaj olivnega olja, soli in popra.

d) Žar segrejte na srednji do visoki temperaturi in pecite zelenjavo, dokler ni mehka.

e) Pečeno zelenjavo položite v večjo skledo. Gobe pečemo na žaru in jih pogosto obračamo pribl. 5-6 minut. Odstavimo v ločeno skledo in potresemo s peteršiljem.

f) Solato kombiniramo tako, da fižolu in buči dodamo kuhano lečo, dodamo liste solate, meto in ostanke preliva. Solato nežno z rokami dobro premešamo.

g) Za serviranje lečino solato preložimo na velik krožnik, potresemo z mandlji v lističih in na vrh položimo 4 gobe. Pokapljamo z ostanki soka iz gob.

h) Postrezite s hrustljavim kruhom ali vašim najljubšim mesom na žaru.

5. Solata iz gob in rdečega zelja

Služi za 2-4

Sestavine

- 100 g šampinjonov, narezanih na tanke rezine
- 100 g gob šitake, peclje zavržemo, klobuke na tanke rezine
- 100 g ostrig gob, narezanih na tanke rezine
- 2 žlici limetinega soka
- 2 žlički sojine omake
- 1 strok česna, olupljen in strt
- 2 žlici limoninega soka
- 3 žlice ekstra deviškega oljčnega olja
- $\frac{1}{4}$ rdečega zelja (približno 150 g), brez sredice, na tanko narezano
- 2 žlici jabolčnega kisa
- 1 čajna žlička sladkorja v prahu
- 100 ml navadnega jogurta
- 50 ml rastlinskega olja
- Sol in črni poper
- Pest listov bazilike

Navodila

a) V eno posodo damo gobe gobe in šitake, v drugo pa jurčke. Butčku in šitakam dodajte limetin sok in sojino omako. Ostrigarjem dodajte česen in 1 žlico limoninega soka. Vsakemu dodajte polovico oljčnega olja, nato premešajte.

b) Zelje zmešamo s kisom in sladkorjem ter pustimo tako zelje kot gobe, da se pokrito v hladilniku marinirajo vsaj 2 uri, najbolje 6–8. Oboje nekajkrat premešajte.

c) Preostali limonin sok stepemo z jogurtom in rastlinskim oljem ter začinimo s soljo in poprom. Za serviranje zmešajte gobe skupaj in iz njih odcedite sok. Liste bazilike natrgamo in zmešamo z zeljem.

d) Ohrovt razdelite na krožnike, nato pa nanj položite gobe. Jogurt še enkrat premešamo, nato pa ga pokapamo po solati.

GOBA LEVJA GRIVA

6. Quiche z levjo grivo

Sestavine

- 1 lupina peciva
- Ščepec soli in popra
- 2 skodelici naribanega sira
- 1 skodelica mleka
- 1 srednja čebula, narezana na kocke
- 2 žlici moke
- ½ funta levjih gob, narezanih na tanke rezine
- ¼ čajne žličke suhe gorčice
- 1 žlica masla 3 jajca
- 1 žlica olivnega olja

navodila:

a) Dno pekača prekrijte s sirom. Gobe in čebulo prepražimo na mešanici 1 žlice masla in 1 žlice olivnega olja, dokler se ne zmehčajo.

b) Na vrh sira položite mešanico gob/čebule. Solimo in popramo po okusu.

c) Moko, jajca, mleko in suho gorčico stepemo in prelijemo čez gobovo plast. Pečemo pri 375 stopinjah ali dokler sredica ni čvrsta.

7. Omaka iz levje grive

Sestavine

- $\frac{1}{2}$ funta gob levja griva, narezanih ali sesekljanih
- 3 žlice masla
- $\frac{1}{4}$ skodelice sesekljane čebule
- 2 skodelici lahke smetane (ali mleka po izbiri)
- 2 skodelici vode
- 3 žlice moke

navodila:

a) Združite vodo in 2/3 gob, dušite 20 minut. V ločeni ponvi prepražimo maslo, preostale gobe in čebulo do rjave barve.

b) Po mešanici gob/čebule potresemo mešanico moke in kuhamo nekaj minut.

c) Zmešajte mešanico smetane (ali mleka) in vode ter dodajte mešanici za praženje. Dušimo v odprti ponvi, dokler ne dosežemo želene gostote.

8. Topla solata iz gob levje grive

Dobitek: 1 porcija

Sestavine
- 2 žlici olivnega olja
- 1 limona; sok iz
- 2 žlički polnozrnate gorčice
- 1 žlica čistega medu
- Sol in sveže mlet črni poper
- 3 žlice olivnega olja
- 2 narezana žitna kruha; odstranjene skorje, Listi mešane solate
- 8 češnjevih paradižnikov; prepolovljena
- 1 125 g pakiranje gob Levja griva; prepolovi nato vsakega; pol na tanko narezan

navodila:
a) Vse sestavine za preliv zmešamo in dodamo začimbe po okusu. Ohladite, dokler ni potrebno.
b) V ponvi segrejemo 2 žlici olja, dodamo kocke kruha in popečemo z vseh strani do zlato rjave barve. Odcedimo na vpojnem kuhinjskem papirju.
c) Pripravljene liste solate, češnjeve paradižnike in krutone razporedimo po servirnih krožnikih ali v eno večjo skledo.
d) V ponvi segrejemo preostalo žlico olja, dodamo česen in rezine gobe levja griva. Gobe prepražimo do zlato rjave barve na vsaki strani, traja približno 3-5 minut.
e) Rezine gob razporedimo po solati in prelijemo s solatnim prelivom.

9. Lion's Mane Crab Cakes

Sestavine

- 8 oz. Goba Levja griva
- 1 jajce (ali laneno jajce)
- 1/2 skodelice panko drobtin
- 1/4 skodelice čebule (drobno narezane)
- 1 žlica majoneze ali veganske majoneze
- 1 čajna žlička Worcestershire omake
- 3/4 žličke starega lovorja
- 1 čajna žlička dijonske gorčice
- 1 žlica peteršilja (drobno sesekljan)
- 1/4 čajne žličke soli (po vašem okusu)
- 1/4 čajne žličke črnega popra
- 2-3 žlice olja (za cvrenje peciva)
- 2 optimalni okras: rezine limone
- Hitra tatarska omaka
- 1/4 skodelice majoneze ali veganske majoneze
- 1 žlica kopra kislega okusa
- 1/4 žličke starega lovorja

Navodila

a) Gobo levjo grivo ročno nasekljajte na majhne koščke, ki spominjajo na teksturo kosmičevega raka.

b) V veliki skledi zmešajte jajce, majonezo, čebulo, Worcestershire omako, začimbe starega lovora, dijonsko gorčico, peteršilj (drobno sesekljan), sol in poper. Mešajte, dokler ni popolnoma vključena.

c) Zmešajte gobo Lion's Mane Mushroom, dokler ni popolnoma premešana.

d) Vmešajte drobtine Panko, dokler niso popolnoma premešane.

e) Zmes oblikujte v 3-4 okrogle ploščate polpete enake velikosti (debele približno 1/2 do 3/4 palca).

f) V ponvi na srednji/visoki vročini segrejte olje.

g) Polpete pečemo približno 2-3 minute na vsako stran. Biti mora zlato rjav in kuhan do konca.

h) Dodajte neobvezni okras, stisnite limono in uživajte!

10. Ocvrte levje grive v ponvi

Sestavine

Za gobe:

- 1 lb gob levje grive, očiščenih in narezanih na rezine⅓-palčni kosi
- 1 jajce
- ½ skodelice mleka
- 1 skodelica večnamenske moke
- 2 žlički paprike
- 2 žlički posušene bazilike
- 1 ½ čajne žličke morske soli
- 1 čajna žlička mletega popra
- 1 čajna žlička česna v prahu
- 1 čajna žlička čebule v prahu
- 3-6 žlic rastlinskega olja za kuhanje

Navodila

a) V eni skledi stepite jajce, dokler ni umešano, in vmešajte mleko, dokler se ne združi. V drugi skledi zmešajte moko z vsemi posušenimi začimbami - papriko skozi čebulo v prahu in dobro premešajte.

b) Eno rezino gobe levje grive pomočite v jajčno mešanico, nato pa jo potopite v mešanico moke. Odložite na velik krožnik ali desko za rezanje. Nadaljujte, dokler približno polovica gob ni potopljena in izkopana.

c) Predgrejte veliko ponev na srednjem ognju. V ponev dodajte 1-2 žlici rastlinskega olja (ali maščobe za kuhanje po izbiri) in vroče olje zavrtite.

d) S kleščami nežno položite izrezane rezine gob v ponev, pri tem pa pazite, da ne stisnete ponve. Zmanjšajte ogenj – tako se bodo gobe temeljito skuhale, ne da bi se preveč zažgale in porjavele. Pekač malo nagnemo, da se olje enakomerno razporedi. Pečemo na eni strani še 3-4 minute na nizkem ognju in pazimo, da se gobe ne zažgejo.

e) S kleščami previdno obrnite vsak kos gobe in na drugi strani pecite 3-4 minute.

f) Popražene gobe previdno vzamemo iz ponve in položimo na papirnato brisačo, da vpije odvečno olje.

g) Ponev obrišite s čisto papirnato brisačo (primite papirnato brisačo s kleščami, da si ne opečete rok!!) in ponavljajte korake 2–4, dokler gobe niso kuhane.

h) Zmešajte kečap + majonezo (ali uporabite svojo najljubšo pomako) in postrezite toplo.

11.   ocvrte gobe levja griva.

Obroki: 4

Sestavine

Za gobe:

- 1 lb gob levje grive, očiščenih in narezanih na rezine⅓-palčni kosi
- 1 jajce
- ½ skodelice mleka (kakršnega koli - nesladkanega in brez okusa, če uporabljate rastlinsko mleko)
- 1 skodelica večnamenske moke
- 2 žlički paprike
- 2 žlički posušene bazilike (ali italijanske začimbe ali origana)
- 1 ½ čajne žličke morske soli
- 1 čajna žlička mletega popra
- 1 čajna žlička česna v prahu
- 1 čajna žlička čebule v prahu
- 3-6 žlic rastlinskega olja za kuhanje (ali maščobe za kuhanje po izbiri)

Za dip:

- 2 žlici majoneze
- 2 žlici kečapa
- Posebna oprema
- 2 srednji skledi
- Velik krožnik ali deska za rezanje (ali katera koli čista ravna površina)
- Velika ponev proti prijemanju
- Klešče
- Krožnik obložen s papirnatimi brisačkami

Navodila

a) V eni posodi zmešajte jajce in mleko. V drugi skledi zmešajte moko z vsemi posušenimi začimbami - papriko skozi čebulo v prahu in dobro premešajte.

b) Eno rezino gobe levje grive pomočite v jajčno mešanico, nato pa jo potopite v mešanico moke. Odložite na velik krožnik ali desko za rezanje. Nadaljujte, dokler ne potopite in izdolbete približno vseh gob.

c) Predgrejte veliko ponev na srednjem ognju. Dodajte 1-2 žlici olja v ponev in jo zavrtite. Izdolbene rezine šampinjonov položite v ponev in pazite, da ne pregnetete ponve. Znižajte ogenj na nizko in ponev nekoliko nagnite, da se olje razporedi. Pečemo 3-4 minute na vsaki strani in pazimo, da se gobe ne zažgejo.

d) Popražene gobe previdno vzamemo iz ponve in položimo na papirnato brisačo, da vpije odvečno olje.

e) Ponev obrišite s čisto papirnato brisačo (primite papirnato brisačo s kleščami, da si ne opečete rok!!) in ponavljajte korake 3-4, dokler gobe niso kuhane.

f) Zmešajte kečap + majonezo (ali uporabite svojo najljubšo pomako) in postrezite toplo.

12.   Omleta s šunko in sirom iz levje grive

IZDELEK: 1 OMLETA

Sestavine
- Jajca, po 2 velika (3,6 oz.) (102 g)
- Gobe, levja griva, narezane na majhne kocke 1/4 skodelice (0,6 oz.) (17 g)
- Šunka, Deli Style, narezana na tanke rezine, na majhne kocke 1/3 skodelice (1 oz.) (28 g)
- Sir, Colby Jack, narezan. 1/3 skodelice (1 oz.) (28 g)

navodila:
a) Predgrejte rešetko na srednji/nizki do srednji.
b) Zberite vse sestavine.
c) Gobe in šunko narežemo na kocke.
d) V majhni skledi stepemo jajca. Če želite puhasto omleto, dodajte približno 1 žlico mleka in premešajte.
e) Na segreti suhi rešetki pražimo na kocke narezane gobe, dokler ne začnejo postajati zlato rjave.
f) Med prepražitvijo gob skuhamo na kocke narezano šunko.
g) Na rešetki skupaj zmešajte gobe in šunko.
h) Če imate obroček omlete, ga lahko uporabite zdaj.
i) Na rešetko položite želeno tanko plast masti. Uporabil sem pršilo za kuhanje, maslo, slanino in olivno olje. Prepričajte se le, da ga razporedite in da je dovolj velik, da se lahko omleta speče.
j) Stepena jajca vlijemo na pomaščen vroč pekač. Jajca naj bodo v okroglem 6-palčnem krogu. Če jajca začnejo teči po rešetki, jih z lopatko vrnite v obliko kroga.
k) Ko jajca prenehajo teči, na vrh dodamo kuhano šunko in gobe, ki jih enakomerno razporedimo po krogu.
l) Omleto pečemo približno 2 minuti na vsaki strani. Vendar se bodo časi kuhanja razlikovali. Omleto morate speči glede na to, kako izgleda, saj se temperatura vsake rešetke razlikuje.

m) Ko je omleta s šunko in gobami na eni strani pečena, je čas za obračanje. Z veliko lopatko omleto previdno obrnemo.

n) Na polovico omlete dodamo polovico naribanega sira.

o) Ko so omlete z gobami, šunko in sirom pečene, jih obrnite na polovico, tako da bo stran brez sira na topljenem siru.

p) Potresemo s preostalim naribanim sirom in odstranimo z rešetke.

13.   Lion's Mane "Rakove" torte

Za 6 obrokov

Sestavine:

- ⅓skodelica majoneze
- 1 veliko jajce
- 2 žlici dijonske gorčice
- 2 žlički Worcestershire omake
- 2 skodelici dehidriranih kosov gobe Lion's Mane
- 1 rdeča paprika, narezana na kocke
- 1 kapesanta, narezana
- 2 stroka česna, nasekljana
- ½ skodelice moke ali drobtin (po želji brez glutena)
- Limonin sok, po okusu
- Sol in črni poper po okusu

navodila:

a) V majhni skledi zmešajte majonezo, jajce, gorčico in Worcestershire omako.

b) V veliko skledo dodajte gobe Lion's Mane s papriko, kapesanto in česnom. Primešamo moko ali drobtine, sol in poper. Vmešajte sestavine majhne sklede.

c) Z mešanico oblikujte 6 ali več polpet.

d) Veliko ponev premažite z oljem in segrejte na srednje visoki temperaturi. Dodajte pecivo in pecite, dokler ne postane zlato in hrustljavo, nekaj minut na stran.

e) Uživajte v zdravstvenih koristih Lion's Mane, ko uživate v teh tortah z limoninim sokom ali drugim priljubljenim prelivom.

14.   Fileji levje grive

Sestavine:

- 1 funt gobe Lion's Mane, narezane na $\frac{3}{4}$ palčne fileje, odvečna voda iztisnjena
- 1 žlica gheeja
- $\frac{1}{2}$ skodelice suhega belega vina (ali nadomestite z 2 žlicama suhega šerija)
- 1 srednja šalotka, mleta (ali nadomestite s 3 stroki česna)
- Sol in črni poper po okusu

navodila:

a) Fileje Lion's Mane začinite s soljo in poprom
b) V veliki ponvi na srednje visoki temperaturi segrejte ghee.
c) Dodajte levjo grivo in pritisnite z lopatko, da odstranite odvečno vodo. Pražite na obeh straneh pod rjavo in mehko.
d) Zmanjšajte toploto do srednje nizke. Dodajte vino ali šeri in šalotko ali česen, pokrijte in kuhajte, dokler se česen ne zmehča.
e) Postrezite s svojimi najljubšimi prilogami in okusno uživajte v zdravstvenih koristih Lion's Mane!

15.   Lion's Mane Clarity Latte

Zagotavlja 1 porcijo

Sestavine:

- ½ skodelice kave
- ½ čajne žličke tinkture Mushroom Revival Lion's Mane
- ½ skodelice mleka po izbiri
- Ščetek cimeta
- Ščepec muškatnega oreščka

navodila:

a) Dodajte sestavine v mešalnik.

b) Mešajte pri visoki moči, dokler ni penasto in temeljito premešano.

16.   Zvitek "Jastog" z levjo grivo

Sestavine:

- 2 veliki jajci
- 2 žlici začimb Old Bay
- 1 čajna žlička soli zelene
- 2 žlici limoninega soka
- 1-kilogramske gobe Lion's Mane, narezane na $\frac{1}{4}$-palčne rezine
- 3 žlice oljčnega olja ali gheeja
- $\frac{1}{2}$ skodelice majoneze
- $\frac{1}{2}$ rdeče čebule, narezane na kocke
- $\frac{1}{4}$ skodelice svežega kopra, sesekljanega
- $\frac{1}{4}$ skodelice svežega peteršilja, sesekljanega
- $\frac{1}{2}$ skodelice drobno narezane zelene
- 4 zvitki, hoagie ali francoski (možnost serviranja na solati)
- Sol in poper

navodila:

a) V srednji skledi stepite jajca. Vmešajte začimbe Old Bay, sol zelene in limonin sok.

b) Dodajte rezine gob v jajčno mešanico in premešajte, dokler se ne vpije.

c) V veliki ponvi na srednje močnem ognju segrejte olje ali ghee. Rezine gob kuhajte tako, da jih pečete na vsaki strani približno 2 minuti. Gobe odstranimo in odcedimo na papirnatih brisačah. Ko so gobe ohlajene, jih z vilicami ali prsti raztrgajte.

d) V srednji skledi zmešajte majonezo, čebulo, koper, peteršilj in zeleno. Dodamo narezane gobe in dobro premešamo. Po okusu dodajte dodatno sol zelene in/ali limonin sok.

e) Razrežite žemljice ali pripravite solato, na kateri boste ponudili "jastoga" iz levje grive. Uživajte!

17.   Palačinke Levja griva

Zagotavlja 2 porciji

Sestavine:

- 2 veliki jajci
- 1 1/2 skodelice mandljevega mleka
- 1 $\frac{1}{4}$ skodelice moke (nadomestek za brezglutenske možnosti)
- $\frac{1}{4}$ skodelice stopljenega masla
- 1 skodelica sveže narezane levje grive
- Prelivi po izbiri

navodila:

a) V veliki skledi zmešajte jajca in mleko.

b) Dodamo moko, maslo in gobe ter mešamo do gladkega.

c) V ponev na srednje močnem ognju dodajte maslo, v ponev dodajte $\frac{1}{2}$ skodelice mešanice in obrnite, ko se pojavijo mehurčki. Ko sta obe strani zlato rjavi, dodajte prelive in pojejte!

ŠIITAKE GOBE

18. Gratiniran krompir in divje gobe

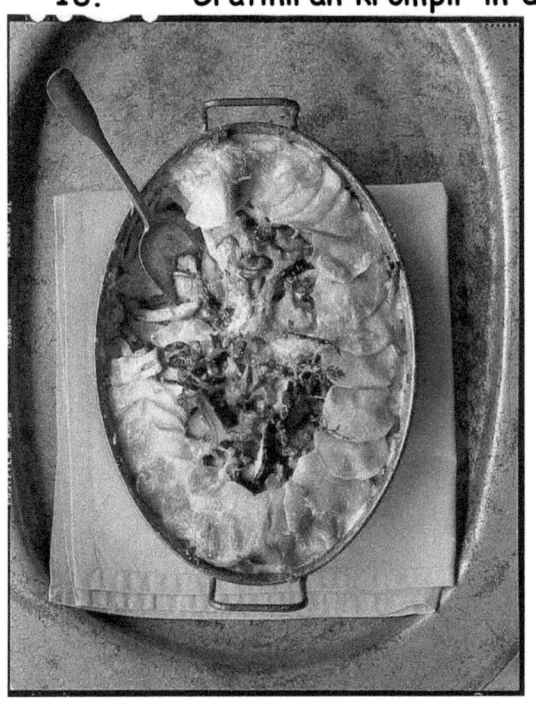

Sestavine:

- 5 oz. zdrobljen modri sir
- 1 ½ žlice masla
- 1 ½ čajne žličke sesekljanega svežega timijana
- 1 lb mešanih svežih gob
- 1 čajna žlička soli
- 2 ½ skodelice smetane za stepanje ½ čajne žličke popra
- 2 lbs. Krompir Yukon Gold, olupljen, zelo tanko narezan na kolobarje

navodila:

a) Postavite rešetko v zgornjo 1/3 pečice in segrejte na 400o. Maslo 13x9x2-v stekleni pekač. Postavite sir v srednjo skledo; dodajte ½ skodelice smetane. Z vilicami pretlačite mešanico v gosto pasto. Zmešajte 1 čajno žličko soli in 1//2 čajne žličke popra.

b) Vmešajte preostali 2 skodelici smetane. V težkem velikem loncu na srednje močnem ognju stopite maslo. Dodajte gobe in zelišča ter pražite, dokler se gobe ne zmehčajo in tekočina ne skuha, približno 8 minut.

c) Polovico krompirja razporedimo po dnu pripravljene posode. Enakomerno nalijte ¾ skodelice sirove omake. Prelijte z vso mešanico gob, ¾ skodelice sirove omake, nato dodajte preostali krompir. Prelijemo s preostalo sirovo omako.

d) Posodo pokrijemo s folijo. Pecite gratinirano 30 minut, nato odkrijte in pecite, dokler krompir ni mehak, vrh zlato rjav in se omaka zgosti, približno 30 minut dlje.

e) Pustite stati 10 minut; postrezite vroče.

19.   Madžarska gobova juha

Sestavine:

- 1 lb svežih mešanih gob
- 1 žlica tamarija
- 2 skodelici sesekljane čebule
- 1 čajna žlička soli
- 4 žlice masla
- 2 skodelici piščanca, zelenjavne juhe ali vode
- 3 žlice moke
- $\frac{1}{4}$ skodelice sesekljanega svežega peteršilja
- 1 skodelica mleka
- 2 žlički svežega limoninega soka
- 1-2 žlički trave kopra Sveže mlet črni poper ali po okusu
- 1 žlica madžarske paprike
- $\frac{1}{2}$ skodelice kisle smetane

navodila:

a) Čebulo prepražimo na 2 žlicah masla, rahlo solimo. Nekaj minut kasneje dodajte gobe, 1 čajno žličko kopra, $\frac{1}{2}$ skodelice jušne osnove (ali vode), tamari in papriko. Pokrijte in dušite 25 minut.

b) Stopite preostalo maslo v veliki ponvi; vmešamo moko, med stepanjem kuhamo (nekaj minut). Dodajte mleko; nadaljujte s kuhanjem ob pogostem mešanju na majhnem ognju približno 10 minut, dokler se ne zgosti.

c) Vmešajte mešanico gob in preostalo osnovo. Pokrito dušimo 10-15 minut, tik pred serviranjem dodamo sol, poper, limonin sok, kislo smetano in po želji še koper.

d) Postrežemo okrašeno s peteršiljem.

20.   Polnjene gobe

Sestavine:

- 1 lb velike klobase
- 1 lb svežih gob Shiitake (velikost grižljaja)
- 2 stroka česna
- ½ majhne rumene čebule, drobno sesekljane
- 4 žlice svežega peteršilja, drobno sesekljanega
- ½ skodelice začinjenih krušnih drobtin
- 1 čajna žlička posušenega naribanega žajblja
- ½ čajne žličke posušenega žajblja
- Sol in poper po okusu
- ½ skodelice parmezana

navodila:

a) Pečico segrejte na 400o. Gobam odstranite stebla. Stebla sesekljajte in na maslu prepražite s čebulo in česnom, dokler se ne zmehčajo (približno 4 min).

b) Odstranite iz pekača. Klobaso prepražimo do rjave barve in odcedimo. Mešanico klobas in gob postavite v predelovalec hrane; dodajte preostale sestavine, razen sira.

c) Mešajte, dokler mešanica ni fine teksture, okusite, da prilagodite začimbe.

d) Vsak preostali gobji klobuk nadevajte z mešanico klobas in na vrh potresite sir. Napolnjene klobuke položimo na pekač in pečemo 15-20 min. dokler gobe niso kuhane.

e) Nadev za klobase lahko naredite do 2 tedna vnaprej brez stebel gob in zamrznete.

21.   Fajitas s piščančjimi gobami

Sestavine:

- 8 oz. kremni sir, zmehčan
- $\frac{1}{2}$ lb mešanih svežih gob (Maitake, Shiitake, Ostrigar ...)
- 1 čajna žlička začimbe fajita
- 1 žlica sesekljanega cilantra
- $\frac{1}{2}$ čajne žličke česna v prahu
- 4 žlice olja
- 1 majhna rdeča čebula, narezana na tanke rezine
- 1 zelena paprika, narezana na tanke rezine
- 1 rdeča paprika, narezana na tanke rezine
- $\frac{1}{2}$ čajne žličke soli
- 2 piščančji prsi brez kosti/brez kože, narezani na trakove
- 4 8-palčne tortilje iz moke

navodila:

a) V majhni skledi zmešajte kremni sir, začimbo fajita, koriander in česen v prahu; dati na stran. V veliki ponvi na srednji vročini segrejte 1 žlico olja; pražite gobe, dokler se ne zmehčajo in tekočina izhlapi, 3-4 minute. Postrgajte v skledo in postavite na stran. V isti ponvi segrejte 2 žlici olja na srednji vročini.

b) Dodajte čebulo, papriko in sol ter pražite, dokler ne postane hrustljavo mehko (približno 4 minute). Postavite v skledo z gobami. V ponvi segrejte 1 žlico olja in dodajte piščanca. Kuhajte na srednje močnem ognju, dokler ni neprozorno, približno 2 minuti. Premešajte z zelenjavo in segrejte.

c) Tortilje položite na krožnik za mikrovalovno pečico in jih približno 15 sekund segrevajte pri visoki temperaturi, dokler se ne segrejejo.

d) Mešanico kremnega sira razdelite na štiri dele in razporedite po vsaki tortilji. Mešanico piščanca/zelenjave z žlico prelijte čez kremni sir, zvijte in postrezite. Naredi 4 fajite.

22.   Odlična gobova juha

Navodila

- 6 žlic nesoljenega masla
- 6 oz. Gobe šitake, narezane in obrezane peclje
- 1 čajna žlička soli
- 1 skodelica sesekljane rumene čebule
- 6 oz. Ostrigarji, narezani
- 1 $\frac{1}{2}$ čajne žličke mletega česna
- $\frac{1}{2}$ skodelice sesekljane zelene
- 8 oz. Druge gobe (maitake, crimini …)
- 6 c. piščančja/zelenjavna juha
- $\frac{1}{4}$ čajne žličke kajenskega (rdečega) popra
- $\frac{1}{2}$ čajne žličke črnega popra
- 1/3 c. žganje
- 2 žlički svežih listov timijana
- 1 $\frac{1}{2}$ c. polnomastna smetana

navodila:

a) V velikem loncu stopite maslo na srednje močnem ognju. Dodajte čebulo, zeleno in kajensko papriko ter kuhajte do mehkega, približno 4 minute. Dodamo česen, kuhamo 30 sekund.

b) Dodajte gobe, timijan, sol/poper in kuhajte, dokler gobe ne začnejo porjaveti, približno 7 minut. Dodajte žganje, zavrite in kuhajte, dokler ne postekleni, približno 2 minuti. Dodajte osnovo in ponovno zavrite. Zmanjšajte toploto na srednje nizko in odkrito dušite, občasno premešajte 15 minut. Odstranite z ognja.

c) Dodamo smetano, zavremo in kuhamo 5 minut. Odstranite z ognja in prilagodite začimbe po okusu.

Ocvrtki iz koruze in šitake

Služi: 1

Sestavine

- 3 klasja koruze
- 1 veliko jajce
- ¼ skodelice mleka
- 2 oz. šitake gobe
- ¼ skodelice drobno narezane rdeče čebule
- ¾ skodelice večnamenske moke
- 1 čajna žlička pecilnega praška
- 1 ½ čajne žličke košer soli
- ½ čajne žličke popra
- ½ skodelice olja
- Olje, za cvrtje

Navodila

a) Koruzna zrna odrežite iz storžev. Polovico dodajte v kuhinjski robot, drugo polovico pa odstavite. S topim delom noža postrgajte pulpo s storžev v mešalnik. Dodajte jajce in mleko, nato pretlačite, dokler ne nastane gladka masa.

b) V ponvi proti prijemanju segrejte kanček olja, nato dodajte gobe šitake in čebulo. Pražimo, da rahlo porjavi, nato dodamo preostalo koruzo in pražimo še minuto.

c) Prenesite na krožnik in dodajte v zamrzovalnik za 5 minut, dokler ni več vroče.

d) V skledi za mešanje zmešajte večnamensko moko, pecilni prašek, sol in poper. Dodamo pire, nato koruzna zrna in šitake iz zamrzovalnika.

e) Očistite ponev in dodajte ½ skodelice olja. Ko je vroče, dodajte osem zajemalk testa in ga razmažite na ½ palca debeline. Cvrtke na dnu zlato ocvremo, nato jih obrnemo in ponovno ocvremo na drugi strani.

f) Ocvrtke pred serviranjem odcedimo na papirnatih brisačah.

24.   Rižota s šitaki in gobami

Služi: 4

Sestavine:

- 4 skodelice zelenjavne juhe
- 1 skodelica riža arborio/rižota
- 2 skodelici gob shiitake, narezanih
- 1 žlica sojine omake
- 1 žlica svežega timijana, sesekljanega
- 1 žlica svežega peteršilja, sesekljanega
- $\frac{1}{4}$ skodelice suhega belega vina (neobvezno)
- $\frac{1}{2}$ skodelice na tanke rezine narezane šalotke
- Veganski parmezan, za serviranje

Navodila:

a) V globoki ponvi ali ponvi s širokim dnom segrejte kanček olja na srednjem ognju. Dodamo šalotko, nato začinimo s soljo in poprom. Pražite, dokler ne porjavi, nato dodajte gobe in sojino omako. Kuhajte, dokler gobe šitake ne zlato porjavijo in karamelizirajo.

b) Žlico gob poberemo iz ponve in odstavimo.

c) Dodajte timijan in peteršilj, nato pa riž arborio. Pustite kuhati 1 minuto in mešajte, da se riž ne sprime. Nato dodajte suho belo vino in kuhajte, dokler se večina ne vpije.

d) Med pogostim mešanjem dodajajte po eno zajemalko zelenjavne osnove. Ko je vsaka zajemalka polna, dodajte še eno. Nadaljujte, dokler riž arborio ni kuhan al dente.

e) Odstavimo z ognja in vmešamo veganski parmezan.

f) Razdelite med sklede in na vrh položite prihranjene karamelizirane gobe in nekaj dodatnega peteršilja. Postrezite.

25.   Pečene gobe Shiitake

Služi: 4

Sestavine
- 4 oz. gobe šitake, ki jim odstranimo stebla in narežemo klobuke
- 12 oz. šparglji, narezani
- 1 žlica oljčnega olja
- Sol in poper po okusu
- 1 $\frac{1}{2}$ žlice sojine omake
- $\frac{1}{2}$ žlice posušenega rožmarina

Navodila:
a) Pečico segrejte na 425°F.
b) Vse sestavine dodajte v pekač, odporen na pečico, ali obložen pekač, premešajte, da se zelenjava prekrije z oljem in začimbami.
c) Pečemo 10 minut, dokler se gobe ne zmehčajo in šparglji hrustljavo mehki.
d) Postrezite s pomako.

26.   Topla šitake-ječmenova solata

Služi: 4

Sestavine:
- $\frac{3}{4}$ skodelice bisernega ječmena
- $\frac{1}{4}$ funta gob šitake, odstranjenih pecljev in narezanih klobukov
- 1 šalotka, drobno narezana
- 1 rdeča čebula, prepolovljena
- 4 stroki česna, sesekljani
- Sol in poper po okusu
- 4 žlice balzamične glazure
- 1 žlica javorjevega sirupa ali medu
- 1 velika glava solate, natrgana
- $\frac{1}{4}$ skodelice sesekljanega peteršilja
- $\frac{1}{4}$ skodelice narezanih vejic kopra

Navodila:

a) V lonec dodajte ječmen, rdečo čebulo, česen in sol. Pokrijte z vodo za približno 2 cm, nato pa kuhajte, dokler se zrna ne zmehčajo in voda ne vpije – približno 40 minut.

b) Ko ima ješprenj približno 10 minut časa, naredite hrustljave gobe. V ponvi segrejte kanček olja in dodajte gobe, jih pražite do zlate barve približno 10 minut. Prestavimo na krožnik s kuhinjskim papirjem, da se odcedi, nato pa potresemo s soljo in poprom.

c) V isto ponev dodamo šalotko in jo zlato zapečemo. Ponev odstavimo z ognja, nato vanjo vmešamo balzamični in javorjev sirup.

d) Solatne liste dodajte na krožnik ali solatno skledo. Dodajte ješprenj in balzamični preliv ter temeljito premešajte. Po vrhu potresemo gobe, peteršilj in koper.

e) Postrežemo lahko toplo ali hladno.

27. Hrustljave in žvečilne šitake s sezamom

Služi: 2

Sestavine:

- 1 skodelica belega riža
- 2 skodelici posušenih šitak
- $\frac{1}{4}$ skodelice koruznega škroba, plus dodatek
- sezamovo olje
- $\frac{1}{4}$ skodelice sojine omake
- 2 žlici rjavega sladkorja
- 2 žlici riževega vinskega kisa
- 2 stroka česna, nasekljana
- 1 za palec velik kos ingverja, nariban
- 2 žlički pekoče omake
- 2 mladi čebuli, narezani
- 2 žlički sezamovih semen

Navodila:

a) Gobe dodajte v skledo in jih prelijte z vrelo vodo. Namakajte 40 minut, dokler se ne zmehča, nato odcedite. S krpo iz gob iztisnemo odvečno vodo in pazimo, da jih ne zmečkamo. Nato narežite na debele rezine in stresite koruzni škrob.

b) Riž spirajte, dokler voda ne postane bistra. To odstrani škrob in mora narediti riž lepljiv. Kuhajte v skladu z navodili na embalaži in pustite, da se posuši na pari.

c) V voku ali ponvi na srednje močnem ognju segrejte kanček sezamovega olja. Ko zadišijo, dodamo gobe in pražimo toliko časa, da zlato porjavijo in ne ostane več koruznega škroba.

d) Medtem v skledi zmešajte sojino omako, rjavi sladkor, rižev kis, česen, pekočo omako in ingver. Zmešajte skupaj, nato dodajte v majhno ponev in kuhajte, dokler se ne zgosti.

e) Dodajte gobe v omako in jih premešajte.

f) Riž razdelite med sklede in ga prelijte z gobami. Dodamo sezamovo seme in mlado čebulo ter postrežemo.

28. Želodova buča in divje gobe

Dobitek: 2 obroka

Sestavine
- 1 želodova buča; razpolovljena in posejana
- $\frac{1}{2}$ skodelice posušenih brusnic ali ribeza
- $\frac{1}{4}$ skodelice vroče vode
- 4 žlice masla
- 4 unče svežih divjih gob (kot šitake); pecljate in sesekljajte
- $\frac{1}{4}$ skodelice sesekljane čebule
- 1 čajna žlička posušenega žajblja
- 1 skodelica polnozrnatih krušnih drobtin

Navodila
a) Pečico segrejte na 425#161#F. Bučo položite s prerezano stranjo navzdol v 8x8x2-palčni stekleni pekač. Posodo tesno pokrijte s plastično folijo. Mikrovalovna pečica na visoki temperaturi 10 minut. Preluknjajte plastiko, da bo para ušla.

b) Odkrijte in obrnite bučne polovice s prerezano stranjo navzgor. Votline začinite s soljo in poprom. V majhni skledi zmešajte posušene brusnice in vročo vodo. V težki srednji ponvi na srednjem ognju stopite 3 žlice masla. Dodamo gobe, čebulo in žajbelj ter

c) Pražite, dokler se ne začne mehčati, približno 5 minut. Dodajte krušne drobtine in mešajte, dokler drobtine rahlo ne porjavijo, približno 3 minute.

d) Zmešajte brusnice s tekočino za namakanje. Po okusu začinimo s soljo in poprom. Nadev v bučne polovice. Pokapaj s preostalim maslom. Pecite, dokler se ne segreje in na vrhu ne postane hrustljavo, približno 10 minut.

29. lazanja iz divjih in eksotičnih gob

Dobitek: 9 obrokov

Sestavine

- 2 žlici olivnega olja
- 1 velika čebula; mleto
- 2 unč parma pršuta; drobno sesekljan
- 2 žlici mlete šalotke
- 2 žlici mletega česna
- ½ skodelice drobno sesekljanega peteršilja
- 1 funt različnih divjih in eksotičnih gob
- 2 žlici sesekljane bazilike
- 1 žlica sesekljanega svežega origana
- ⅔ skodelica suhega belega vina
- 1½ funta konzerviranih zdrobljenih paradižnikov; na 2 funta
- 2 skodelici svežega sira ricotta
- 1 jajce
- 2 skodelici naribanega sira Parmigiano-Reggiano
- ½ skodelice naribanega sira mozzarella
- 1 sol; okusiti
- 1 sveže mlet črni poper
- 1 funt svežih listov testenin, narezanih na lazanje; izleti, blanširani,
- ½ skodelice težke smetane
- ¼ skodelice mleka
- 8 posušenih listov bazilike

Navodila

a) Pečico segrejte na 350 stopinj. Rahlo naoljite pravokoten pekač velikosti 13 krat 9 palcev. V veliki ponvi segrejte olivno olje.

b) Ko se olje segreje, pražite čebulo in pršut približno 4 minute oziroma toliko časa, da čebula oveni in rahlo karamelizira.

c) Primešajte ½ skodelice peteršilja, šalotke in gob. Pražimo 10 minut ali dokler gobe niso zlato rjave. Začinimo s soljo in poprom.

d) Vmešajte česen, baziliko in origano. Gobjo mešanico precedite in tekočino prihranite. Tekočino dajte nazaj v ponev in zmanjšajte, dokler tekočina ne postane glazura, približno 5 minut. Občasno strgajte po straneh, da zrahljate vse delce.

e) Dodajte vino in sledite istemu postopku. Dodamo paradižnik in še naprej kuhamo 10 minut.

f) Začinimo s soljo in poprom. V omako dodamo mešanico gob.

g) V skledi za mešanje zmešajte sir Ricotta, jajce, preostali peteršilj, ½ skodelice naribanega sira Parmigiano-Reggiano in sir Mozzarella.

h) Začinimo s soljo in poprom. Za sestavljanje z žlico na dno pekača nalijemo majhno količino omake. Potresemo s parmezanom. Na vrh omake položite plast testenin. Sir razporedite po testeninah.

i) Smetano zmešamo s preostalim sirom.

j) Začinimo s soljo in poprom. Prelijemo po vrhu lazanje. Lazanjo pokrijte. Pečemo 30 minut pokrito in 10 do 15 minut odkrito ali dokler lazanja ni zlato rjava in strjena.

k) Lazanjo vzamemo iz pečice in pustimo počivati 10 minut, preden jo narežemo. Na sredino krožnika položimo del lazanje. Okrasite z naribanim sirom in popraženimi listi bazilike.

30.   BBQ raca in quesadilla z divjimi gobami

Dobitek: 4 porcije

Sestavine
- $\frac{1}{2}$ skodelice račjih nog na žaru; meso, pobrano s kosti z 2 račjih nog brez kože
- 1 skodelica novomehiške bbq omake
- $\frac{1}{2}$ skodelice piščančje juhe
- $\frac{1}{2}$ skodelice gob šitake na žaru, pečenih na žaru
- 3 mokaste (6-palčne) tortilje
- $\frac{1}{4}$ skodelice naribanega Monterey Jacka
- $\frac{1}{4}$ skodelice naribanega belega čedarja
- Sol in sveže mlet poper
- $\frac{1}{2}$ skodelice pikantne mangove salse

Navodila
a) Stegna položite v ponev in jih premažite z omako. Okoli nog nalijte osnovo. Pokrijte in pecite 3 ure pri 300 stopinjah, vsakih 30 minut polijte z BBQ omako. Pustite, da se ohladi, in poberite račje meso.

b) Pripravite ogenj na drva ali oglje in pustite, da zgori do žerjavice.

c) Na delovno površino položite 2 tortilji. Na vsakega razporedite polovico sirov, raco in gobe ter po okusu začinite s soljo in poprom. Zložite 2 plasti, pokrijte s preostalo tortiljo, namažite z 1 žlico olja in enakomerno potresite s čilijem v prahu. Lahko se pripravi vnaprej do te točke in ohladi. Pecite na žaru 3 minute na vsaki strani ali dokler tortilje niso rahlo hrustljave in se sir stopi.

d) Razrežite na četrtine in postrezite vroče, okrašeno s salso.

31.   Žemljice polnjene z gozdnimi gobami

Dobitek: 4 porcije

Sestavine

- 4 okrogle, kakovostne bele žemljice
- 2 velika stroka česna, olupljena in prepolovljena
- 50 mililitrov (2 oz.) olivnega olja
- 200 gramov (7 oz.) gozdnih gob
- 25 gramov (1 oz.) nesoljenega masla
- 50 mililitrov (2 oz.) vode, pomešane z 1 1/2 čajne žličke limoninega soka
- Sol in sveže mlet črni poper
- 1 čajna žlička svežega čemaža, sesekljanega [zelišče iz družine korenčkov]
- Nekaj pehtranovih listov, ki jih nekaj sekund blanširamo v vreli vodi, nato nasekljamo
- 1 čajna žlička sesekljanega svežega peteršilja
- 50 mililitrov (2 oz.) stepene smetane, stepene

Navodila

a) Pečico segrejte na 180'C / 350'F / plin 4. Vzemite vsako žemljico in ji odrežite zgornji del približno ene tretjine navzdol. Izdolbite mehko notranjost. Notranjost vdolbinice in zgornjo notranjost "pokrova" natrite s česnom, nato pa iste površine namažite z oljčnim oljem. Postavimo v ogreto pečico, da se za 10 minut posušijo in zapečejo.

b) Na maslu 1 minuto pražimo gobe. Dodajte vodo in limonin sok ter kuhajte še eno minuto, ko je otrok vklopljen. Okusite, začinite s soljo in poprom ter rezervirajte. Stepeni smetani dodajte sesekljana zelišča, nato poskusite in začinite s soljo in poprom.

c) Tik preden postrežemo, v gobe in njihov sok vmešamo stepeno smetano. Gobe razporedite po vdolbinicah v vsakem žemljicu in naokrog z žlico prelijte omako. Prekrijte s "pokrovi" in postrezite.

32. Morska plošča z gozdnimi gobami in špinačo

Dobitek: 4 porcije

Sestavine

- ¼ skodelice svežega limetinega soka
- 1 žlica sojine omake z nizko vsebnostjo natrija
- 2 stroka česna; mleto
- 2 čajni žlički arašidovega olja
- 2 žlički piščančje juhe
- 1 čajna žlička zelene čebule; mleto
- ¼ čajne žličke kosmičev rdeče paprike
- 4 fileti morske plošče; približno 5 oz. vsak, debeline 1".
- 1 skodelica divjih gob po vaši izbiri, narezanih na koščke
- 2 žlici piščančje juhe
- 1 žlica šalotke; mleto
- 2 stroka česna; mleto
- 2 šopka špinače; očiščen in urejen
- Poper

Navodila

a) V majhni skledi zmešajte prvih 7 sestavin za morsko ploščo. Morsko ploščo položite v pekač. Morsko ploščo prelijemo z marinado in pustimo v hladilniku 1 uro. V veliki težki ponvi na močnem ognju zavrite osnovo, šalotko in česen. Dodamo špinačo; pokrijte in kuhajte, dokler špinača ne oveni, približno 2 minuti. Odstranite z ognja. Začinimo s soljo in poprom. Pokrijte in hranite na toplem.

b) Medtem segrejte brojlerja. Prenesite morsko ploščo v ponev za brojlerje; rezervna marinada. Pecite morsko ploščo, dokler na vrhu ni prozorna, približno 3 minute.

c) Morski list obrnite in dodajte gobe v ponev za brojlerje. Nadaljujte s praženjem, dokler morski list ni kuhan in gobe niso mehke, približno 3 minute.

d) V težki majhni ponvi zavrite prihranjeno marinado. Špinačo po potrebi odcedimo in razdelimo na 4 krožnike. Vrh s morsko ploščo.

e) Prelijemo z marinado, okrasimo z gobami in postrežemo.

33. Krema iz gob in divjega riža

Dobitek: 1 obrok

Sestavine

- 7 žlic masla (razdeljeno); (7/8 palica)
- 4 žlice večnamenske moke
- 1 skodelica vročega mleka; (posneto ali 2%)
- 2 skodelici zelenjavne juhe; (razdeljeno)
- $\frac{1}{2}$ skodelice narezane čebule; (razdeljeno)
- $\frac{1}{2}$ čajne žličke paprike
- $\frac{1}{2}$ čajne žličke mletega muškatnega oreščka; (približno) (deljeno)
- 3 skodelice narezanih gob; (razdeljeno) (tanko narezano)
- 1 lovorjev list
- $\frac{1}{4}$ skodelice sesekljane zelene
- 4 cele nageljnove žbice
- 1 skodelica vročega kuhanega divjega riža; (sledite navodilom za paket)
- 1 žlica sesekljanega peteršilja
- $\frac{1}{4}$ skodelice suhega belega vina
- Sol in poper; okusiti

Navodila

a) V veliki ponvi na majhnem ognju stopite 4 žlice masla. Dodamo moko in ob stalnem mešanju kuhamo 3 minute. Počasi vmešajte vroče mleko in 1 skodelico jušne osnove. Omako kuhajte na šibkem ognju in ob stalnem mešanju z leseno kuhalnico dokler ne postane gladka, približno 15 minut. V drugi kozici stopite 1 žlico preostalega masla. Dodajte $\frac{1}{4}$ skodelice čebule, papriko in $\frac{1}{8}$ čajne žličke muškatnega oreščka ter kuhajte 2 minuti. Dodajte prvi mešanici in premešajte, da se združi.

b) V isti ponvi prepražite 2 skodelici narezanih gob na preostalih 2 žlicah masla. Dodajte lovorjev list, preostalo $\frac{1}{4}$ skodelice narezane čebule, sesekljano zeleno, nageljnove žbice in preostalo 1 skodelico jušne osnove. Pokrijte in kuhajte na srednjem ognju 10 minut.

c) Mešajte mešanico v mešalniku ali kuhinjskem robotu, dokler ni gladka, približno 1 minuto.

d) Mešanico gob/zelene precedite skozi fino cedilo, mešanico moke/mleka pa skozi cedilo. Kose zelenjave zavrzite.

e) Obe mešanici vrnite v veliko ponev in zmešajte. Kuhajte 5 minut na majhnem ognju in mešajte, dokler zmes ni gladka.

f) Primešajte riž, preostalo 1 skodelico narezanih gob, peteršilj in vino. Po želji dodajte sol in poper. Odstranite lovorjev list, po želji potresite s prihranjenim muškatnim oreščkom in postrezite. Za 6 do 7 obrokov.

34.   Piščančja juha, gobe in matzo kroglice

Dobitek: 1 obrok

Sestavine
- 1 žlica rastlinskega olja
- 1 3-kilogramski piščanec; narežemo na kose
- 2 veliki čebuli; narežemo na 1-palčne kose
- 12 skodelic vode
- 3 stebla zelene; narežemo na 1-palčne kose
- 3 vejice svežega peteršilja
- 2 lovorjeva lista
- 1 unča posušenih gob šitake
- 2 skodelici tople vode
- ⅓ skodelica Piščančja maščoba; (rezervirano iz zaloge ali kupljeno)
- 4 velika jajca
- 2 žlici sesekljanega svežega drobnjaka
- 1½ žlice mletega svežega pehtrana ali 1 1/2 čajne žličke posušenega; razpadla
- 1½ čajne žličke soli
- ¼ čajne žličke popra
- 1 skodelica nesoljene matzo moke
- 3½ litra vode; (14 skodelic)
- 1 čajna žlička mletega svežega pehtrana ali 1/4 čajne žličke posušenega zdrobljenega
- Mlet svež drobnjak
- 8 obrokov

Navodila

a) Za juho: V težkem velikem loncu na srednje močnem ognju segrejte olje. Dodajte piščanca in čebulo ter med pogostim mešanjem kuhajte do rjave barve približno 15 minut. Dodajte 12 skodelic vode, zeleno, peteršilj in lovorjev list. Zavremo, posnamemo površino. Zmanjšajte ogenj in počasi kuhajte, dokler se ne zmanjša na 8 skodelic, približno 5 ur. Precedite v skledo. Pokrijte in ohladite, dokler se maščoba na vrhu ne strdi.

b) Odstranite maščobo iz juhe in rezervirajte maščobo za matzo kroglice.

c) Za matzo kroglice: gobe šitake dajte v majhno skledo. Prelijemo z 2 skodelicama vrele vode. Pustite namakati, dokler se ne zmehča, približno 30 minut.

d) Stopite ⅓ skodelico piščančje maščobe in ohladimo. V srednji skledi zmešajte stopljeno piščančjo maščobo, $\frac{1}{4}$ skodelice tekočine za namakanje šitak (ostanek), jajca, 2 žlici drobnjaka, 1½ žlice pehtrana, 1 ½ čajne žličke soli in $\frac{1}{4}$ čajne žličke popra ter stepite, da se premeša. Vmešajte matzo moko. Pokrijte in ohladite 3 ure. (Pripravite jih lahko 1 dan vnaprej. Gobe prelijte s tekočino za namakanje in ohladite.)

e) V velik lonec odmerite 3 ½ litra vode. Izdatno solimo in zavremo. Z navlaženimi rokami oblikujte hladno mešanico moke matzo v 1-palčne kroglice in dodajte v vrelo vodo. Pokrijte in kuhajte, dokler se matzo kroglice ne skuhajo in zmehčajo, približno 40 minut. (Za preizkus pečenosti odstranite 1 matzo kroglico in jo razrežite.) Prenesite matzo kroglice na krožnik z žlico z režami.

f) Gobe odcedimo, tekočino pustimo. Gobe narežite na tanke rezine, stebla zavrzite. Zmešajte preostalo tekočino za namakanje gob, gobe, piščančjo juho in 1 čajno žličko svežega pehtrana v težki veliki ponvi in zavrite.

g) Po okusu začinimo s soljo in poprom. Dodamo matzo kroglice in dušimo, dokler se ne segrejejo. zajemalko juho v sklede. Okrasimo z drobnjakom in postrežemo.

35. Mešanica gob banh mi

naredi 2

Sestavine

- 100 g šitake gob
- 50 g enoki gob
- 50 g ostrigarskih gob
- 2 žlici sezamovega olja
- 1 žlica limonske trave, sesekljane
- 1 čajna žlička rdečega čilija, sesekljanega
- ½ čajne žličke soli
- 1 čajna žlička sojine omake
- 2 bageti
- 1 žlica arašidovega masla
- 8 rezin kumare
- 6 vejic koriandra, sesekljanega
- 1 čajna žlička sezamovih semen, opečenih

Navodila

a) Gobe šitake in ostrige narežite na rezine, nato gobam enoki odrežite korenine.

b) V ponvi ali voku segrejte olje na srednje močnem ognju, dodajte limonsko travo in čili ter premešajte nekaj minut, da limonska trava rahlo porjavi in zadiši. Dodajte vse gobe in dobro premešajte, nato potresite s soljo. Dodajte sojino omako in prilagodite okusu.

c) Banh mi sestavite tako, da bagete vzdolžno razrežite in iz kruha odstranite nekaj nadeva iz testa. Ponovno zapremo, kruh rahlo popečemo pod žarom ali v pečici, da je notranjost topla, zunanjost pa hrustljava.

d) Kruh namažite z arašidovim maslom, nato pa gobe enakomerno razporedite po bagetah. Po vrhu razporedite rezine kumare, nato grobo nasekljajte koriander in ga potresite po. Potresemo s sezamom, nato vse sestavine z majhnim nožem nežno odmaknemo od roba, zapremo in pojemo.

36.   Polnjene šitake

Služi 4

Sestavine

- 12 srednje velikih šitak, očiščenih, stebla zavržemo
- Navadna moka, za posip
- 300 g piščančjega mesa
- 150 g mletih kozic
- 3 mlade čebule, drobno sesekljane
- 1 čajna žlička korenine ingverja, drobno sesekljane
- 1 žlica sakeja (riževo vino)
- 1 žlica sojine omake
- Olivno olje, za cvrtje
- Sol

Za omako

- 4 žlice sojine omake
- 2 žlici mirina (sladkanega riževega vina)
- 1 žlica zelenega sladkorja
- 1 žlica sakeja

navodila:

a) Notranji del šitak potresemo z moko. Zmešajte piščanca, kozice, mlado čebulo, ingver, sake, sojino omako in ščepec soli, nato pa z njimi napolnite votlino vsake gobe.

b) Na malo olivnega olja pokrito pražimo 5 minut na vsaki strani. Odkrijemo in dodamo sestavine za omako. Pustimo, da se segrejejo in malo izparijo.

c) Postrezite tri na osebo, vsakega z malo omake.

ENOKI GOBE

37.　　Enoki gobe Stir Fry

Služi: 2

Sestavine
- 2x gnezda riževih rezancev
- 2 žlički mirina
- 1 žlica sezamovega olja
- 1 velik korenček, olupljen na tanke trakove
- 1 rdeča paprika, drobno sesekljana
- 1x pločevinka (7oz) bambusovih poganjkov
- 1 rdeča paprika čili, na drobno narezana in brez semen
- 6 drobno narezanih zelenih čebul
- 2 stroka česna, nasekljana
- 1 majhen kos ingverja, olupljen in nariban
- 2 žlici riževega kisa
- 1 žlica sladkorja
- 1 čajna žlička čilijevih kosmičev
- 2 žlici sojine omake
- 1 šop enoki gob
- 2 veliki jajci
- 2 žlički sezamovih semen

Navodila
a) V skledo dodajte olupljen korenček in ga prelijte z 1 žlico riževega kisa, vsem sladkorjem in čilijem. S čistimi rokami zmečkajte kis v korenček. Odstavimo za hitro pripravo kumaric.

b) Gnezda riževih rezancev skuhajte v skladu z navodili na embalaži, nato jih odcedite in pustite, da se posušijo na pari v cedilu.

c) Na srednje močnem ognju segrejte vok (ali ponev, če je nimate) in dodajte sezamovo olje. Vok zavrtite, da premažete dno in stranice. Ko je vroče, dodajte papriko, bambusove poganjke in vložen korenček. Zelenjavo med stalnim mešanjem kuhamo približno 4 minute, dokler se zelenjava ne zmehča.

d) Dodajte enoki gobe, česen in ingver ter kuhajte še eno minuto, dokler česen ne zadiši. Dodajte rezance, nato prelijte preostanek riževega kisa in vso sojino omako. Zmanjšajte toploto na nizko in premešajte.

e) Medtem v veliki ponvi proti prijemanju segrejte kanček blagega jedilnega olja in specite dve jajci. Ko so pečeni do želene teksture, ocvrte rezance razdelite med sklede in vsako prelijte z jajcem.

f) Po vrhu potresemo z narezano zeleno čebulo in sezamovimi semeni ter postrežemo. Če želite, lahko dodate tudi kanček limetinega soka.

38.   Pražene enoki gobe

Služi: 4

Sestavine

- 8 oz enoki gob
- 2 žlici sezamovega olja
- 1 žlica sojine omake
- 2 stroka česna, drobno sesekljana
- 4 zelene čebule, odstranjeni beli del, zeleni vrhovi pa na drobno narezani

Navodila

a) Odstranite spodnji del stebel enokija. Operite jih in posušite s kuhinjskim papirjem.

b) Sezamovo olje segrejte na srednje močnem ognju v voku ali ponvi. Ko je olje zelo vroče, dodajte gobe in jih pražite približno 1-2 minuti. Vsakih 10-20 sekund jih vrzite v zrak, da se obrnejo in spečejo na vseh straneh.

c) Ogenj zmanjšamo, dodamo česen in kuhamo še 30 sekund.

d) Dodamo sojino omako in ponev odstavimo z ognja. Takoj postrezite in potresite z narezano zeleno čebulo.

39.   Enoki gobova juha

Služi: 2

Sestavine
- $\frac{1}{2}$ funta enoki gob, odstranjenih korenin
- 3 stroki česna, sesekljani
- 2 žlici kečapa
- 2 žlici misa
- 1 tajska čili paprika, na drobno narezana
- 1 žlica sezamovega olja
- $\frac{1}{2}$ skodelice zelenjavne juhe
- Šopek svežega cilantra, grobo narezanega

Navodila
a) Najprej segrejte sezamovo olje v loncu na srednje močnem ognju. Dodamo sesekljan česen in rahlo pražimo, da zadiši; pazi, da se ne zažge.

b) Mešajte kečap, dokler olje na dnu ne začne rdečkasti. Nato prilijemo zelenjavno juho. Dodajte rdečo miso pasto in premešajte, da se združi.

c) Vanj potresemo enoki gobe in jih kuhamo 1-2 minuti, dokler se ne zmehčajo.

d) Juho z zajemalko razdelimo v sklede. Na vrh dajte koriander in nekaj koščkov čilija. Po želji dodajte še eno kapljico sezamovega olja.

40.   Masala z gobami Enoki

Služi: 4

Sestavine
- 1 lb enoki gob (približno 4 grozdi)
- 1 zelena paprika, narezana na kocke
- 1 velika čebula, narezana na kocke
- 4 stroki česna, sesekljani
- 1-palčni kos ingverja, nariban
- 1 čili, na drobno narezan
- 1 pločevinka narezanih paradižnikov
- 1 čajna žlička sladkorja
- 1 žlica masla ali gheeja
- Svež koriander, grobo narezan

Za kari v prahu
- 1 čajna žlička kuminovih semen
- 1 čajna žlička koriandrovih semen
- 3 stroki kardamoma
- 1-palčna cimetova palčka
- $\frac{1}{2}$ čajne žličke črnega popra v zrnu
- 1 čajna žlička mletega čilija v prahu
- 1 čajna žlička mlete kurkume

Navodila
a) Za pripravo karija v prahu dodajte semena kumine, semena koriandra, stroke kardamoma, cimetovo palčko in poprova zrna v suho ponev na nizkem do srednjem ognju. Rahlo pražite, dokler ne zadiši, vendar ne dovolite, da se zažgejo, sicer bodo postali grenki. Ko zadiši, prenesite v kuhinjski robot ali pestilo in terilnico ter zdrobite/zmešajte v fin prah. Nato vmešajte čili in kurkumo.

b) Vsak riž, ki ga uporabljate, pripravite v skladu z navodili na paketu.

c) Na srednjem ognju segrejte ponev z ravnim dnom in dodajte maslo ali ghee. Ko se stopi, dodamo na kocke narezano čebulo. Kuhamo, dokler se ne zmehčajo in zadišijo, najbolje s ščepcem soli. Nato dodamo česen, ingver in papriko ter pražimo še minuto.

d) Dodamo začimbe v prahu in pražimo še eno minuto. Dodajte kanček vode, če se prime dna.

e) Dodamo pločevinko narezanega paradižnika, nato pa pločevinko do polovice napolnimo z vodo in dodamo v ponev. Vmešajte sladkor in gobe, nato zavrite, zmanjšajte vrelo in kuhajte trideset minut oziroma dokler se omaka ne zgosti.

f) Postrezite na vrhu riža, kari pa prelijte s svežim koriandrom.

41.   Enoki gobe s tofujem

Služi: 3

Sestavine

- 17 oz (500 g) trdega tofuja v bloku, stisnjenega
- 5 oz. enoki gobe
- 2 glavici, narezani, beljaki in zelena ločeni
- ¼ skodelice sojine omake
- 1 žlica mirina
- 2 žlici riževega kisa
- 2 žlici sezamovega olja
- 1 ½ žlice gochujang
- 2 stroka česna, nasekljana
- 1 žlica sladkorja
- 1 ½ skodelice kuhanega riža
- 1 žlica sezamovih semen

Navodila

a) V skledi zmešajte bele dele kapesanta skupaj s sojino omako, mirinom, sezamovim oljem, riževim kisom, gochujangom, česnom in sladkorjem. Nalijte tudi ½ skodelice vode in dobro premešajte, dokler se pasta gochujang ne raztopi.

b) Tofu narežite na ½ palca debele kose. Kvadrati ali pravokotniki delujejo.

c) Na zmernem ognju segrejte ponev z debelim dnom, proti prijemanju in globokimi stranicami, dno pa pokrijte z rastlinskim oljem. Ko je vroče, dodajte tofu. Koščke tofuja cvremo približno 5 minut na vsaki strani do zlato rjave barve. Morda boste morali delati v serijah.

d) V ponev dodajte enoki gobe. Ogenj ohranjamo na srednje močnem in vlijemo omako. Ko zavre zmanjšamo ogenj.

e) Z žlico še naprej zajemajte omako na tofu. Kuhamo še 5 minut, da se napije omake in dokler niso gobe kuhane.

f) Postrezite na vrhu riža in potresite z zelenimi deli čebule in sezamovimi semeni. Za dodatno piko na i dodajte nekaj domačega kimčija.

42.   Enoki juha

Dobitek: 4 porcije

Sestavina
- 4 skodelice goveje juhe z nizko vsebnostjo natrija
- 1 majhen korenček, narezan na tanke rezine
- 1 notranje steblo zelene,
- Sesekljan
- ½ majhnega lovorskega dopusta
- 1 čajna žlička posušene mete
- 1 žlica sladkorja
- 2 skodelici rdečega vina
- 1 liter zelo zrelih jagod
- Oluščen
- 16 Enoki gob, obrezanih in opranih

navodila:

a) V ponvi zmešajte prvih sedem sestavin. Zavremo, nato delno pokrito kuhamo 20 minut. Zalogo ohladimo in precedimo, zelenjavo pa zavržemo. V kuhinjskem robotu zmešajte jagode in eno skodelico jušne osnove. Pire.

b) Pire zmešamo s preostalo osnovo. Ohladite dve uri. V vsako skledo položite štiri gobe.

43.   Ribja juha z enoki gobami

Dobitek: 10 obrokov

Sestavina

- 4 funte glave in kosti bele ribe
- Kot je podplat; iverka, hlastač ali bas
- 1 srednja čebula; narežemo na krhlje
- ½ glave koromača; narežemo na krhlje
- 2 korenčka; narežemo na krhlje
- 2 stebla zelene; narežemo na krhlje
- 2 žlici nesoljenega masla
- 10 svežih stebel limonske trave
- 1 skodelica sakeja
- 1 kos ingverja - (1"); olupljen, narezan
- Tanko
- 5 vejic ploščatega peteršilja
- 5 vejic svežega cilantra
- Dodatni listi cilantra; za okras
- 10 celih zrn črnega popra
- 1¾ funtov krakov; lupine odstranjene,
- Narežite na 1/2" kose
- 7 unč gob Enoki;
- Vključno s pokrovčki
- sol; okusiti

navodila:

a) Čebulo, koromač, korenje in zeleno položite v predelovalec hrane; utrip do srednje fine. Na zmernem ognju stopite maslo v 12-litrskem loncu. Dodajte predelano zelenjavo in med občasnim mešanjem kuhajte, dokler se ne zmehča, 8 do 10 minut.

b) 6 stebel limonske trave po dolgem prerežemo na pol; dati na stran. Odstranite in zavrzite trde zunanje plasti preostalih 4 stebel; prečno narežemo na zelo tanke rezine in odstavimo. Dodajte ribje glave in kosti v lonec; povišajte toploto na srednje visoko.

c) Med občasnim mešanjem kuhajte 3 do 5 minut. Dodajte sake, ingver, rezervirana stebla limonske trave, peteršilj, koriander, poper v zrnu in $2\frac{1}{2}$ litra vode.

d) Zmanjšajte toploto na nizko, posnemite morebitno peno, ki se je dvignila na površje, in kuhajte 25 minut.

e) Odstranite z ognja; pustite stati 10 minut. Prelijemo skozi cedilo, obloženo z dvojno plastjo navlažene gaze; zavrzite trdne snovi. Odstranite maščobo. Dodajte rakovo meso, rezervirane rezine limonske trave in gobe; posolite.

f) Juho pristavimo na srednji ogenj in dušimo 10 minut. Juho nalijte v 12 zelo majhnih posod, kot so skodelice za sake. Vsako okrasite z listom cilantra in postrezite. Po potrebi dolijte. Za 10 do 12 porcij.

OŠTRIGARJE

44.   Ostriga gob Dip

Sestavine

- 1 funt svežih ostrig gob, ročno naribanih
- 2 žlici masla
- 1/2 čajne žličke drobno mlete rdeče čebule
- dash Crystal's pekoča omaka
- dash grobo mlet črni poper
- 1/4 čajne žličke muškatnega oreščka
- 1/4 skodelice kisle smetane
- 3 unče kremnega sira, mehkega
- 1 čajna žlička limoninega soka
- 2 žlici mleka

navodila:

a) Na maslu minuto prepražimo gobe.
b) Dodamo čebulo, pekočo omako, poper in muškatni orešček.
c) Z vilicami pretlačite kremni sir v skledo; vmešamo kislo smetano, limonin sok in mleko.
d) Dodajte mešanico gob; dobro premešaj.
e) Postrezite s čipsom, krekerji ali zelenjavnimi pomarkami.
f) Naredi 1 skodelico.

45.   Solata z rukolo in ostrigarji

Za 4–6 porcij

Sestavine:
- 3 žlice ekstra deviškega oljčnega olja
- 1/2-kilogramske gobe ostrige, debelo narezane
- Sol in sveže mlet poper
- 2 žlici balzamičnega kisa
- 1/2 čajne žličke drobno naribane limonine lupinice
- 2 notranji rebri zelene, narezani na vžigalice, plus julienirani listi zelene za okras
- 5 skodelic otroške rukole
- 3 unče Pecorino Romano ali drugega ostrega sira, naribanega z lupilcem za zelenjavo
- 3 unče na tanke rezine narezanega parmskega pršuta

navodila:
a) V veliki ponvi proti prijemanju segrejte 1 žlico oljčnega olja. Dodamo gobe in začinimo s soljo in poprom.
b) Kuhajte na zmerno močnem ognju, občasno premešajte, dokler se ne zmehča in rahlo porjavi, približno 6 minut. Gobe prenesite v skledo in pustite, da se ohladijo.
c) V veliki skledi zmešajte kis z limonino lupinico in preostalima 2 žlicama olivnega olja. Začinimo s soljo in poprom. Dodajte šibice zelene, rukolo in gobe ter nežno premešajte.
d) Solato preložite na velik krožnik ali skledo, nanjo pa položite Pecorino Romano, pršut in liste zelene. Postrezite takoj.

46.   Testenine z gobami in gremolato

Sestavine

- 2 debela stroka česna, drobno sesekljana
- 1/2 skodelice drobno mletega ploščatega peteršilja
- 1 žlica drobno sesekljane limonine lupinice
- 2 žlici ekstra deviškega oljčnega olja
- 1 funt svežih ostrigarjev, narezanih
- Sol po okusu
- 2 žlici suhega belega vina
- Sveže mleti črni poper
- 12 unč fettuccini ali farfalle
- 1/4 do 1/2 skodelice vode za kuhanje testenin, po okusu
- 1/4 do 1/2 skodelice sveže naribanega parmezana

navodila:

a) Gremolato naredite tako, da sesekljan česen, peteršilj in limonino lupino položite v kupček in jih sesekljate. Dati na stran.

b) Začnite segrevati velik lonec vode za testenine. Medtem segrejte veliko, težko ponev ali vok na srednje močnem ognju. Dodamo 1 žlico oljčnega olja in ko se segreje dodamo gobe.

c) Gobe pražimo, mešamo z leseno kuhalnico ali jih stresamo v ponev, dokler rahlo ne porjavijo in se začnejo potiti. Dodamo sol in belo vino ter še naprej kuhamo, mešamo ali stresamo gobe v ponev, dokler vino skoraj ne izhlapi in gobe posteklenijo, približno 5 minut.

d) Dodamo preostalo žlico olja ter gremolato in poper. Kuhajte, mešajte, dokler ne zadiši, še približno 1 minuto. Okusite in prilagodite sol. Med kuhanjem testenin naj bo mešanica topla.

e) Ko voda zavre, izdatno solimo in dodamo testenine. Skuhajte al dente, pri čemer upoštevajte čas, ki je naveden na embalaži. Preden odcedite, odstranite 1/2 skodelice vode za kuhanje testenin. Dodajte 1/4 skodelice tega gobam in premešajte.

f) Testenine odcedimo in jih skupaj z gobami stresemo v veliko skledo za testenine ali v ponev. Če se vam zdi suho, dodajte 2 do 4 žlice prihranjene vode za kuhanje. Po želji postrezite s parmezanom.

47.   Mešanica brokolija in gob

Dobitek: 6 obrokov

Sestavine
- 1-1/2 funta svežega brokolija, narezanega na cvetove
- 1 čajna žlička limoninega soka
- 1 čajna žlička soli, neobvezno
- 1 čajna žlička sladkorja
- 1 čajna žlička koruznega škroba
- 1/4 čajne žličke mletega muškatnega oreščka
- 1 funt svežih ostrigarjev, ročno narezanih
- 1 srednja čebula, narezana na kolobarje
- 1 do 2 stroka česna, nasekljana
- 3 žlice oljčnega olja

navodila:
a) Brokoli kuhajte na pari 1-2 minuti ali dokler ni hrustljav.
b) Sperite v hladni vodi in odstavite.
c) V skledi zmešajte limonin sok, sol po želji, sladkor, koruzni škrob in muškatni orešček; dati na stran.
d) V veliki ponvi ali voku na močnem ognju na olju 3 minute med mešanjem pražite gobe, čebulo in česen. Dodajte mešanico brokolija in limoninega soka; med mešanjem pražimo 1-2 minuti. Postrezite takoj.

48. Zeleni ganganeli z ostrigarji

Dobitek: 1 obrok

Sestavine:
- Sveže zelene testenine, razvaljane na najtanjšem nivoju, na stroju
- 4 žlice deviškega oljčnega olja
- 1 srednja rdeča čebula, narezana na 1/8" kocke
- 3 žlice svežih listov rožmarina, sesekljanih
- 1 funt svežih gob ostrig, v 1/2" kosih
- ½ skodelice belega vina
- ½ skodelice osnovne paradižnikove omake

navodila:
a) Zavremo 6 litrov vode in dodamo 2 žlici soli.
b) Testenine narežite na 2-palčne kvadrate in jih nato ovijte okoli svinčnika, da oblikujete peresa s koničastimi konci. Dati na stran.

c) V 12 do 14-palčni ponvi za sauté segrejte olje, dokler se ne začne kaditi. Dodajte čebulo in rožmarin ter kuhajte, dokler se ne zmehča in zadiši, približno 6 do 7 minut.
d) Dodajte gobe in kuhajte, dokler ne ovenijo, 3 do 4 minute. Dodamo belo vino in paradižnikovo omako ter zavremo. Znižajte ogenj in pustite vreti 5 do 6 minut.
e) Medtem dajte testenine v vodo in kuhajte, dokler niso mehke, 8 do 11 minut. Testenine odcedimo in dodamo v ponev z gobami. Premešajte in takoj postrezite.

49.   Zeliščne parjene gobe ostrige

Dobitek: 4 porcije

Sestavine:
- 1 funt ostrig gob
- $\frac{1}{4}$ skodelice olivnega olja
- 1 sol; okusiti
- 1 sveže mlet črni poper; okusiti
- 5 vejic timijana
- 5 vejic rožmarina
- 5 vejic žajblja
- 5 vejic peteršilja
- 10 celih strokov česna
- 2 skodelici belega vina
- 4 listi radiča za skodelice
- Zeliščni vinaigrette

navodila:

a) V skledi premešajte gobe z oljem, soljo in poprom.

b) S hrbtno stranjo noža nežno zdrobite zelišča in jih položite na dno globoke ponve. Česen zdrobite s ploščatim delom noža, položite okoli zelišč. Zelišča in česen prelijemo z vinom. V globoko ponev za dušenje postavite posodo za kuhanje na pari.

c) Dno posode za kuhanje na pari napolnite z enakomerno plastjo gob.

d) Celoten pekač tesno pokrijemo s folijo. Postavite na srednje močan ogenj in kuhajte na pari 10 minut. Skodelice radiča položite na servirne krožnike.

e) Gobe previdno odstranimo in naložimo v radičeve skodelice. Pokapljajte z zeliščnim vinaigrette in postrezite.

50. Linguine z omako iz jurčkov

Dobitek: 4 porcije

Sestavine:
- 2 skodelici ostrigarskih gob; (približno 1/4 lb.)
- 1 žlica olivnega olja
- 1 strok česna; mleto
- $\frac{1}{2}$ čajne žličke soli
- 1 žlica sveže naribanega muškatnega oreščka
- $\frac{1}{2}$ skodelice zelenjavne juhe
- $\frac{1}{2}$ skodelice paradižnikove omake
- $\frac{1}{2}$ skodelice mleka z nizko vsebnostjo maščob
- 2 žlici mletega svežega peteršilja
- $\frac{3}{4}$ funtov Linguine
- $\frac{1}{4}$ skodelice sveže naribanega parmezana; (neobvezno)

navodila:

a) Uporabite lahko običajne šampinjone ali drugo sorto, odvisno od vašega pustolovskega duha. Ostrigarji pa dajejo prav poseben okus.

b) Gobe narežemo na kocke. V veliki ponvi proti prijemanju na srednje močnem ognju segrejte olje. Dodamo gobe in med občasnim mešanjem kuhamo 4 do 5 minut. Dodajte česen, sol in muškatni oreššček ter med mešanjem kuhajte 1 minuto.

c) Dodamo juho, paradižnikovo omako in mleko ter zavremo. Zmanjšajte ogenj, pokrijte in dušite 10 minut ali dokler se gobe ne zmehčajo. Vmešajte peteršilj in odstavite z ognja.

d) Medtem ko se gobe kuhajo, zavremo velik lonec vode. Linguine kuhajte, dokler niso čvrsti, približno 9 do 11 minut. Odtok.

e) Linguine damo v ogreto servirno skledo in prelijemo z gobovo omako. Po želji dodamo nariban parmezan.

f) Ostrigarji imajo okus, barvo in teksturo, ki spominja na morske sadeže.

g) Te gobe, narezane na kocke, dajo omako, ki po videzu spominja na omako iz školjk. Včasih tisti, ki šele spoznavajo vegetarijansko kuhinjo, uživajo v jedeh, ki so videti znane.

51.   Juha iz jurčkov

Dobitek: 6 obrokov

Sestavine:
- 1 liter ostrig
- 1 skodelica Oyster likerja
- 3 žlice masla
- 1 žlica moke
- 1 skodelica mleka
- ½ skodelice smetane
- 2 žlici mlete šalotke
- Sol in poper
- ½ funta gob
- 2 žlički peteršilja, mletega

navodila:

a) Ostrige segrevajte v pijači na majhnem ognju, dokler se robovi ne zvijejo. Odcedite, prihranite alkohol.

b) Stopite 1 žlico masla, vmešajte moko, postopoma dodajte mleko in nenehno mešajte. Zavremo in kuhamo 1 minuto.

c) Dodamo smetano, šalotko, peteršilj, sol in poper. Gobe segrejte na preostalem maslu, dokler se ne segrejejo, vendar ne porjavijo.

d) Zmešajte gobe, ostrige in ostrigovo pijačo v smetanovo omako. Postrezite takoj.

52.   Ostrigarji z lingvini

Dobitek: 1 porcija

Sestavine:
- 1 majhna čebula; narezan na kocke
- 1 strok česna; mleto
- 50 gramov sveže rukole
- 200 gramov ostrigarskih gob
- 100 mililitrov Zelenjavna osnova - dvojna moč
- 2 kozarca belega vina
- Olivno olje
- 100 gramov gob; narezan na kocke
- 100 gramov testenin Linguini
- 2 žlici žganja
- Sol in mleti črni poper
- 150 mililitrov soje

navodila:

a) Če želite narediti omako iz belega vina, prepražite čebulo na oljčnem olju. Dodamo česen in po 1 minuti dodamo narezane gobe. Kuhajte 4 minute, dokler ne zmanjka tekočine. Dodamo žganje in prižgemo. Dodamo osnovo in vino ter zmanjšamo.

b) V drugi ponvi na olivnem olju 4 minute pražimo ostrigarje. Zavremo slano vodo in skuhamo lingvine. V zadnji minuti kuhanja dodamo še liste rukole. Dodajte Soya Dream v omako in jo segrejte.

c) Linguine odcedimo, dodamo kanček oljčnega olja, mlet poper in na krožnik. Na krožnik položite ostrigarje v bazenček omake iz belega vina.

53. Vložene ostrigarje s čilijem

Dobitek: 1 porcija

Sestavine:
- 6 strokov česna
- 300 mililitrov južnoavstralskega ekstra deviškega oljčnega olja
- 4 pladnji gob ostrig
- 2 majhna pekoča čilija; zelo drobno sesekljan
- 4 veliki sladki rdeči čiliji; s semeni in drobno
- $\frac{1}{2}$ čajne žličke morske soli
- $\frac{1}{2}$ čajne žličke grobo mletega črnega popra
- 300 mililitrov balzamičnega kisa
- Na malo oljčnega olja prepražimo česen, da zlato porumeni.

navodila:
a) Odstranite ga iz ponve in ga odcedite na papirnati brisači.
b) Dodajte preostalo olje in nastavite ogenj na najvišjo točko. Ko je zelo vroče, dodajte vse gobe in jih med nežnim, a neprekinjenim mešanjem kuhajte, dokler niso zlato rjave barve.
c) Dodamo sesekljan čili in čili julienne, solimo in popramo, kuhamo še eno minuto, nato pa počakamo, da se včasih vname, dodamo kis.
d) Premešamo in odstavimo z ognja, stresemo česen.

54.   Pražene gobe ostrige

Dobitek: 4 porcije

Sestavine:
- 8 unč svežih ostrigarjevih gob
- 1 žlica česna, mletega
- 2 žlički olivnega olja
- 1 čajna žlička mletega rožmarina
- 1 čajna žlička margarine, neobvezno
- 2 žlički večnamenske moke
- 1 čajna žlička šerija
- 1 žlica tamarija

navodila:

a) Gobe nežno sperite in posušite. Obrežite na enotno velikost in postavite na stran.

b) Na srednjem ognju na olju pražite česen 15 do 20 sekund. Dodajte gobe in pražite 3 minute.

c) Dodajte rožmarin in margarino ter kuhajte, dokler se margarina ne stopi, približno 30 sekund. Potresemo v moko in kuhamo ob stalnem mešanju.

d) Dodajte preostale sestavine in mešajte, dokler se tekočina rahlo ne zgosti in gobe niso mehke. Približno 4 minute.

55. Pečene morske pokrovače in ostrigarji

Dobitek: 1 porcija

Sestavine:
- $\frac{1}{4}$ skodelice šalotke; drobno narezana
- $\frac{1}{2}$ žlice mletega česna
- $\frac{1}{4}$ skodelice mletega ingverja
- $\frac{1}{2}$ žlice tajske čilske česnove omake
- 1 skodelica balzamičnega kisa
- $\frac{3}{4}$ skodelice sojine omake
- $1\frac{1}{2}$ skodelice olivnega olja
- $\frac{1}{2}$ skodelice sojinega olja
- 1 funt gob ostrig; steblo off
- 1 funt mlade špinače
- $\frac{1}{2}$ skodelice mletega ingverja
- 1 žlica mletega česna
- $2\frac{1}{2}$ žlice Yuzu
- 3 unče soka Yuzu
- $\frac{1}{4}$ skodelice sojine omake
- $\frac{1}{2}$ skodelice riževega kisa
- 2 žlici riževega kisa
- 2 žlici belega vinskega kisa
- $\frac{3}{4}$ skodelice olja grozdnih pešk
- 30 10 morskih pokrovač
- 6 unč sladkega masla

navodila:
a) V skledi zmešajte šalotko, česen, ingver, čili česnovo omako, balzamični kis in sojino omako. Počasi dodajte oljčno olje, vendar ne emulgirajte.
b) SOLATA BABY ŠPINAČA IN OŠTRIGARJI: Močno ponev segrejte na močnem ognju, dokler se ne začne kaditi.
c) Najprej dodamo sojino olje in takoj zatem še jurčke, med mešanjem pražimo približno 2 minuti oziroma do zlato rjave barve.

d) Odstranite gobe iz ponve na ponev in jih razporedite v eno plast.

e) Gobe pokapajte s približno ½ skodelice sojinega balzamičnega vinaigreta in pustite, da se marinirajo 15 minut (lahko tudi 6 ur vnaprej).

f) Odstavite in pozneje premešajte skupaj z mlado špinačo in dodatnim vinaigrette.

g) ČILIJEVA OMAKA IZ CITRUSOV: Ingver, česen, yuzu kosho, yuzu, sojo, rižev kis in beli vinski kis dajte v mešalnik in prižgite srednjo hitrost ter počasi pokapljajte olje grozdnih peČk. Vinaigrette mora biti emulgiran.

h) Na visoki vročini segrejte močno ponev.

i) Pokrovače na obeh straneh posolimo in popopramo ter premažemo z zmehčanim maslom.

j) V vročo ponev položite pokrovače in jih na obeh straneh prepražite do zlato rjave barve, približno 1½ do 2 minuti na vsaki strani), vaša želena porcija je srednje pečena.

k) Na sredino krožnika stresite mlado špinačo, gobe in sojino-balzamični vinaigrette, na koncu prilagodite začimbe in nanesite solato.

l) Vodoravno prerežemo pokrovače in jih razporedimo po solati.

m) Čez pokrovače pokapajte želeno količino Citrus Chili Vinaigrette

56.   Postrv s šitaki in ostrigarskimi gobami

Dobitek: 1 porcija

Sestavine:
- 1 400 g; (14 oz) cele postrvi
- 200 gramov svežih gob ostrig; (7oz)
- 200 gramov svežih gob shitake; (7oz)
- 120 gramov masla; (4 1/4oz)
- Svež timijan
- 3 glave svežega česna
- 2 limoni
- Sesekljan svež ploščati peteršilj
- Sol in poper

navodila:
a) Olupite polovico česna in dvakrat blanširajte v vreli vodi približno 3 minute vsakič. Gobe in česen damo v pekač in dobro začinimo.

b) Po vrhu dodamo svež timijan in polovico masla. Postavite v predhodno ogreto pečico na 200°C/400°F/plinska oznaka 6 za približno 20 minut.

c) Med kuhanjem pripravite postrv in zarežite kožo ter jo preložite na drug servirni krožnik, ki je primeren za pečico. Dodamo preostalo maslo, timijan, limono in česen ter dobro začinimo.

d) Postavimo v pečico in pečemo v isti pečici kot gobe. Obe posodi med pečenjem prelijemo, vzamemo iz pečice in gobam dodamo sesekljan peteršilj ter postrežemo.

57. Ingverjeva juha iz ostrigarjev

Dobitek: 6 obrokov

Sestavine:
- 6 skodelic piščančje juhe; z nizko vsebnostjo maščob in natrija
- 1 čajna žlička sezamovega olja
- 1 skodelica svežih drevesnih gob; ali šitake gobe
- 1 skodelica narezanih belih gob
- 2 stroka česna; mleto
- 2 žlici mlete zelene čebule
- 1 žlica mletega ingverja
- Sveže mleti beli poper

navodila:
a) V loncu na močnem ognju segrejte ½ skodelice juhe in olje. Dodamo obe vrsti gob in pražimo 5 minut.
b) Dodajte česen in pražite 1 minuto.
c) Dodajte zeleno čebulo, preostalo juho in ingver. Dušimo 15 minut.
d) Potresemo s sveže mletim belim poprom in postrežemo.

58.   Juha z vodno krešo in jurčki

Dobitek: 1 porcija

Sestavine:
- 1 srednja čebula
- 30 gramov nesoljenega masla
- 250 gramov ostrigarskih gob
- 420 mililitrov zelenjavne osnove
- 2 šopka vodne kreše
- 2 žlici madeire
- 420 mililitrov dvojne smetane
- Sol in mleti črni poper

Sestavine:
a) Olupite in drobno sesekljajte čebulo. V veliki ponvi stopimo polovico masla, dodamo čebulo in pražimo do mehkega. Gobe drobno sesekljajte. Dodajte polovico čebule v ponev in kuhajte do mehkega. V ponev vlijemo juho in zavremo.

b) Vodno krešo operemo in obrežemo. Prihranite nekaj listov za okras. Vodno krešo potopite v vrelo juho in pustite približno 30 sekund, da postane mlahava in smaragdno zelene barve. Odstranite ponev z ognja.

c) Juho takoj pretlačite v blender ali kuhinjski robot, da postane svetlo zelena. Sperite posodo. Juho vrnite v ponev in jo pretlačite skozi sito.

d) V manjši ponvi raztopimo preostalo maslo in prepražimo preostale narezane gobe.

e) Dodajte Madeiro v ponev in zmanjšajte, da tekočina izpari. Dodamo smetano in zavremo. Spet reduciramo, da se smetana zgosti in rahlo karamelizira ter dobi okus po oreščkih.

f) Karamelizirano smetano vmešamo v pire vodne kreše in rahlo segrejemo. Po okusu začinimo s soljo in poprom. Pred serviranjem okrasite s prihranjenimi listi vodne kreše.

ŠVICARSKO RJAVA GOBA

59. Cvetačne palačinke z gobami

SLUŽBA 4

Sestavine:
- Zavitek 500 g zamrznjenega riža Birds Eye s cvetačo in zelenjavo
- 3 jajca, rahlo stepena
- 1 skodelica naribanega okusnega sira
- 2 žlici samovzhajalne moke
- $\frac{1}{2}$ čajne žličke paprike
- $\frac{1}{2}$ čajne žličke posušenega origana
- 3 žlice ekstra deviškega oljčnega olja
- 200 g rjavih švicarskih gob, narezanih
- Priloge za zajtrk po izbiri, npr
- paradižnik ali uvela špinača.

navodila:

a) Zamrznjen riž Birds Eye Cauliflower Veggie odtajajte v hladilniku. Ko je odmrznjen, iztisnite odvečno vlago iz cvetačnega riža z muslinsko krpo ali skozi fino cedilo.

b) V srednji skledi zmešajte cvetačni riž, jajca, sir, moko, papriko in origano. Začinimo po okusu. Zmes oblikujte v polpete velikosti 4 x 10 cm.

c) V ponvi proti prijemanju na srednje močnem ognju segrejte 1 žlico olja. Pecite palačinke eno za drugo. Četrtino mešanice z žlico stresemo v pekač in jo pritisnemo z lopatko, da se poravna na 10 cm in 1 cm debelo. Pečemo 2-3 minute na obeh straneh do zlato rjave barve.

d) Med peko palačink v ponev dodajte več olja, če je potrebno. Palačinke vzamemo iz ponve, položimo na vpojni papir in pustimo na toplem.

e) Ponev obrišite, segrejte preostalo olje in dodajte gobe. Kuhajte 4-5 minut ob rednem mešanju do zlate barve. Gobe postrezite s cvetačnimi palačinkami in prilogami za zajtrk po izbiri.

60.   Negovalna skleda z zelenjavnim rižem in gobami

SLUŽBA 4

Sestavine:

- 2 žlici ekstra deviškega oljčnega olja
- 200 g rjavih švicarskih gob, prepolovljenih
- 1 žlica sojine omake z zmanjšano količino soli
- 500 g zavojček zamrznjen Birds Eye korenček cvetača brokoli zelenjavni riž
- 1 skodelica listov mlade špinače
- 1 avokado, narezan
- 2 skodelici drobno narezanega rdečega zelja Preliv iz praženega sezama za serviranje

navodila:

a) V ponvi proti prijemanju na srednje močnem ognju segrejte 1 žlico olja. Dodajte gobe in med rednim mešanjem kuhajte 4-5 minut ali dokler ne porjavijo. Dodajte sojino omako in premešajte, da se prekrije. Odstranite iz ponve, odstavite in hranite na toplem.

b) V isto ponev dodajte preostalo olje. Dodajte zamrznjen riž Birds Eye Veggie in med rednim mešanjem kuhajte 6 minut.

c) Premešajte špinačo in nadaljujte s kuhanjem še 2 minuti.

d) V servirne sklede razdelite kuhan zelenjavni riž, gobe, avokado in zelje. Pokapajte po prelivu in takoj postrezite.

MORELS

61. Losos in smrčki

Sestavine:

- 3 skodelice smrčkov, narezanih po dolžini
- 4 veliki fileji lososa (velikost porcije, približno 8 oz.)
- 3 žlice masla
- 3 stroki česna, sesekljani
- 1 skodelica belega vina
- 2 žlici limoninega soka
- Sol in poper po okusu

navodila:

a) V veliki ponvi na zmernem ognju stopite maslo. Dodamo česen in kuhamo eno minuto. Nato dodajte smrčke in kuhajte, dokler ne začnejo rjaveti.

b) Zalijemo z vinom in med pogostim mešanjem kuhamo, dokler skoraj ne izhlapi. Ko končate, gobe prenesite v skledo.

c) Ribe bomo spekli za hitro in enostavno kuhanje. Filete razporedite s kožo navzdol v ponev za pitovne pitovne piščance in jih poškropite z limoninim sokom. Če želite, lahko na vrh vsakega dodate malo masla.

d) Pecite, ne da bi jih obračali, dokler niso kuhani. Preverite jih po 6 minutah, vendar boste morda morali iti malo dlje.

e) Ko končate, ribo odstranite iz brojlerja in dodajte sol in poper po želji. Smrčke enakomerno razporedite po vsakem fileju.

f) Postrezite prijateljem z vinom, da jim pokažete, kako odličen kuhar ste.

62. Domača kremna gobova juha

Sestavine:

- 1 lb svežih smrčkov, sesekljanih
- 2 žlici masla
- 1 skodelica zaloge
- 1 skodelica težke smetane
- 1 skodelica belega vina
- 2 skodelici vode
- 1 por nasekljamo in uporabimo samo beli del
- 3 krompirji
- Sol in poper po okusu

navodila:

a) Dodajte vodo v lonec za juho in jo zavrite. Ko zavre, stresite krompir in pustite, da se kuha do čisto mehkega. To običajno traja približno 20 do 30 minut.

b) V veliki ponvi na zmernem ognju stopite maslo. Dodamo smrčke in por ter kuhamo toliko časa, da smrčki komaj začnejo rjaveti.

c) Zalijemo z vinom in kuhamo, da skoraj popolnoma izhlapi. Nato dodajte zalogo in pogosto mešajte. Odstavite z ognja, če krompir še ni pečen.

d) Ko je krompir mehak, pustite, da se voda nekoliko ohladi, preden zmes daste v mešalnik. Mešajte do gladkega in nato vrnite v lonec, vključno z vodo.

e) Krompirju dodamo mešanico smrčkov in pora ter pustimo vreti. Kuhajte nekaj minut, dokler se ne segreje.

f) Dodajte smetano, sol in poper ter mešajte, dokler se juha ne segreje in zgosti po vaših željah.

63.   Morel testenine

Sestavine:

- 1/2 lb smrčkov
- 3 žlice masla
- 3 stroki česna, sesekljani
- 1 majhna čebula, sesekljana
- 1 skodelica naribanega sira
- 8 oz. jajčni rezanci

navodila:

a) Zavrite vodo in skuhajte testenine do želene mehkobe. Najraje imam svojega al dente.

b) Ko se testenine kuhajo, v ponvi na srednjem ognju stopite maslo. Dodajte česen, čebulo in smrčke. Kuhajte, dokler gobe ne oddajo večine tekočine in rahlo porjavijo.

c) Ponev bo natrpana, zato pogosto mešajte. Če se mešanica gob/čebule konča pred testeninami, zmanjšajte toploto na nizko.

d) Med kuhanjem gob ne pozabite preveriti testenin! Ko je končano, ga odcedimo in damo v ponev z ostalimi sestavinami ter vse skupaj premešamo.

e) Vse skupaj potresemo z naribanim sirom in kuhamo, dokler se ne stopi.

Preprost piščanec in smrčki

Sestavine:

- 3 skodelice smrčkov, narezanih po dolžini
- 4 piščančje prsi brez kosti in kože
- 4 žlice masla
- 1/2 skodelice piščančje juhe
- 1/2 skodelice težke smetane
- 2 žlici limoninega soka
- 1/2 skodelice moke
- 3 šalotke, sesekljane
- 3 stroki česna, sesekljani
- Sol in poper po okusu

navodila:

a) Pečico segrejte na 300 stopinj.

b) V veliki ponvi na zmernem ognju stopite 2 žlici masla. Ko se topi, pomokajte piščančje prsi.

c) Piščanca dajte v ponev in ga obračajte, dokler rahlo ne porjavi na obeh straneh. To bo verjetno trajalo 8 do 10 minut.

d) Odstranite piščanca iz ponve in ga položite v pekač. Ko je pečica pripravljena, vstavite pekač in pecite, dokler se piščanec ne segreje.

e) Ko se piščanec kuha, v ponvi na srednjem ognju stopite drugi 2 žlici masla. Dodajte smrčke, šalotko in česen. Med pogostim mešanjem kuhajte 3 minute.

f) Prilijemo piščančjo osnovo in kuhamo, dokler se ne reducira za polovico.

g) Dodamo smetano, limonin sok, sol in poper. Kuhajte, dokler se tekočina ne zreducira v omako želene gostote.

h) Med kuhanjem smrčkov ves čas spremljajte piščanca. Ko je oboje končano, odstavite z ognja in piščanca prelijte z omako.

65.   Smrčki, polnjeni z rakovicami

Sestavine:

- 12 smrčkov, po dolgem prerezanih na pol
- 1 skodelica rakovega mesa
- 2 žlici masla
- 1 jajce, pretepeno
- 2 stroka česna, nasekljana
- 2 žlici lahke majoneze
- 2 žlici suhih drobtin
- Sol in poper po okusu
- Pečico segrejte na 375 stopinj.

navodila:

a) V veliki skledi zmešajte rakovo meso, majonezo, stepeno jajce, česen, krušne drobtine, sol in poper. Sestavine dobro premešamo.

b) Dno pekača popršite s pršilom za kuhanje proti prijemanju. V ponvi raztopimo maslo in ga razporedimo po dnu pekača. Smrčke položimo na dno posode z votlo notranjostjo navzgor.

c) Vsak smrček nadevajte z nadevom. Postavite v pečico in kuhajte, dokler gobe niso zlato rjave barve, približno 8 do 15 minut.

d) Postrezite takoj.

66.   Umešana jajca Morel

Sestavine:

- 1/2 lb smrčkov, narezanih po dolžini
- 1/4 skodelice mleka
- 3 žlice masla
- 3 zelene čebule, sesekljane
- 1/2 ducata jajc, pretepenih

navodila:

a) V veliki ponvi stopite maslo in dodajte smrčke in zeleno čebulo. Kuhajte, dokler smrčki ne začnejo rjaveti.

b) Ko se gobe kuhajo, v eni posodi stepemo jajca in mleko.

c) Stepeno jajčno mešanico vlijemo v ponev z gobami. Mešajte, dokler jajca niso kuhana po želji.

67.   Šparglji in smrčki

Sestavine:

- 1/2 lb svežih smrčkov, narezanih po dolžini
- 2 žlici masla
- 2 šopka špargljev, narezana na 1 cm velike kose
- 1 šalotka, sesekljana
- 2 stroka česna, nasekljana

navodila:

a) V ponvi na zmernem ognju stopite maslo. Dodajte koščke šalotke, česen, smrčke in šparglje.

b) Kuhajte, dokler smrčki ne porjavijo in šparglji niso mehki, običajno 8 do 10 minut.

68.   Smrčki, polnjeni s sirom

Sestavine:

- Veliko celih srednjih smrčkov, vsaj 12 do 16. Ne režite jih.
- 1 žlica masla
- 2 žlici olivnega olja
- 1/2 lb špinače (8 oz.), čim bolj drobno sesekljane
- 1 skodelica sira Ricotta
- 1 skodelica naribanega švicarskega sira
- 2 žlici sesekljanih pinjol ali orehov
- 4 zelene čebule, drobno sesekljane
- 2 stroka česna, nasekljana
- 1/2 čajne žličke muškatnega oreščka
- Sol in poper po okusu

navodila:

a) Pečico segrejte na 375 stopinj.

b) Najprej naredimo nadev. V ponvi na zmernem ognju stopite maslo. Zeleno čebulo in česen pražimo 5 minut, nato odstavimo z ognja in ohladimo.

c) V veliki skledi zmešajte vse sire, špinačo, orehe, sol, poper, česen, zeleno čebulo in muškatni oreščk. Dobro premešaj.

d) Gobe pripravite tako, da odrežete štrleče peclje in pustite odprtino na dnu.

e) Pekač popršite s pršilom za kuhanje proti prijemanju. Vsak smrček previdno nadevamo, namažemo z malo olivnega olja in damo v ponev. Kuhajte, dokler gobe niso zlato rjave barve, običajno 10 do 20 minut.

f) Postrezite takoj. Ne bodo dolgo zdržali!

69. **Smrčki z moko**

Sestavine:

- Smrčki en kup (narezanih)
- 1/2 skodelice moke (ali več)
- 4 žlice masla ali margarine
- Sol
- Poper

navodila:

a) Smrčke obložite z moko (bodisi v galonski vrečki z zadrgo, v kateri je moka, bodisi s krožnikom, pokritim z moko)

b) V ponvi na zmernem ognju stopite maslo/margarino (ne pregrejte!!!!!)

c) Gobe (nežno) prepražimo na maslu/margarini. Obračanje po potrebi.

d) Odstranite iz ponve ter solite in poprajte po okusu.

70. Ocvrti smrčki

Sestavine:

- Grobe gobe Morel
- 2 skodelici organske moke
- $\frac{1}{4}$ čajne žličke kajenskega popra v prahu
- $\frac{1}{4}$ čajne žličke čebule v prahu
- Veliko morske soli za slanico
- 2 jajci
- $\frac{1}{2}$ skodelice mleka
- 1 Stick Maslo ali ghee

navodila:

a) Najprej boste svoje smrčke nasolili v kopeli s hladno slano vodo z vodo in soljo.

b) V skledi zmešajte jajce in mleko.

c) V skledi zmešajte moko in začimbe.

d) V ponvi na srednjem/nizkem ognju raztopite maslo (ali olje za cvrtje po izbiri).

71. Smrčki na maslu

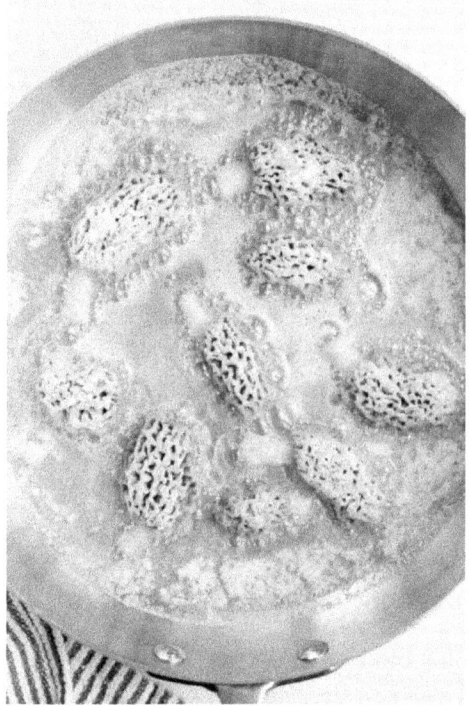

Sestavine:

- smrčki
- riževa moka
- pšenična moka
- 4 palčke masla
- sol
- poper

navodila:

a) Smrčke potresemo z riževo moko in jih prepražimo na maslu.

b) Uživajte.

72. Gobova omaka Morel

PORCIRA ZA 4 osebe

Sestavine:

- 4 nadomestek piščančjih prsi brez kosti z metuljčkom, fazanovimi prsi ali telečjimi kotleti
- 3 žlice masla (brez nadomestka)
- 3 skodelice smrčkov (narezanih 1" dolgo)
- $\frac{1}{2}$ žlice posušenega peteršilja
- $\frac{1}{4}$ čajne žličke popra
- $\frac{1}{4}$ skodelice zelene čebule (tanko narezane)
- $\frac{1}{2}$ skodelice suhega belega vina
- 2 skodelici smetane za stepanje
- 1 čajna žlička soli
- $\frac{1}{2}$ čajne žličke dijonske gorčice

navodila:

a) Piščančje prsi brez kosti prepražimo na nekaj žlicah vročega masla, dokler niso pripravljene. Pustite na toplem, dokler omaka ni končana.

b) V 12-palčni ponvi s premazom proti prijemanju segrejte 3 žlice. maslo (brez nadomestka) na srednjem ognju, dokler se ne speni.

c) Dodajte 3 skodelice majhnih sivih smrčkov – za večje smrčke narežite na rezine, dolge največ 1".

d) Med občasnim mešanjem pražimo 15-20 minut. dokler ni rahlo hrustljava.

e) Dodajte 1/4 C. na tanke rezine narezane vrhove zelene čebule, 1/2 žlice. posušenega peteršilja, 1/4 žličke muškatnega oreščka, 1/4 žličke popra, 1 žličko soli in kuhamo nekaj minut.

f) Zvišajte toploto in dodajte 1/2 C. suhega belega vina ter zmanjšajte na skoraj glazuro.

g) Obrnite toploto na med. in dodajte 2 C. smetane za stepanje in 1/2 čajne žličke dijonske gorčice.

h) Rahlo zmanjšajte in počasi kuhajte, dokler se ne zgosti - približno 10-12 minut.

i) Krožnik in omako postrezite čez piščanca.

73.   Morel s slanimi krekerji

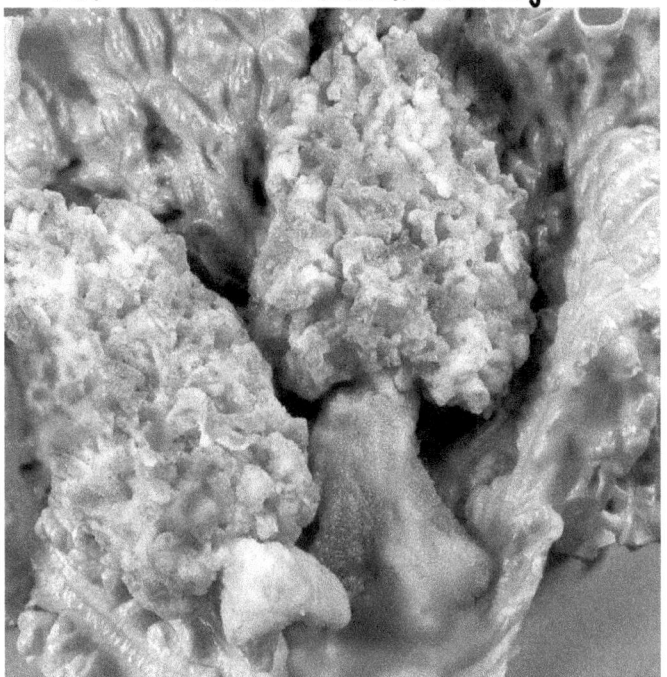

Sestavine:

- po dolžini narezanih svežih smrčkov
- ⅓olje za kuhanje
- 1 škatla slanih krekerjev
- 3 jajca
- sol
- 1 čajna žlička popra
- 1 čajna žlička paprike
- 1 žlica začimb
- 1 skodelica moke
- ⅓skodelica vode

navodila:

a) Gobe rahlo operemo in po dolžini prerežemo na pol. Predhodno namočite v slani vodi. (Najbolje čez noč). To pomaga nevtralizirati kislino ... da bi se izognili "prebavnim" težavam.

b) V 10-palčni litoželezni ponvi na srednje močnem ognju segrejte približno 1/3" jedilnega olja.

c) Pripravimo papirnate brisače, da odcedimo odvečno olje iz kuhanih gob.

d) Gobe dobro sperite in odcedite v velikem cedilu.

e) Izpraznite (2) notranji embalaži slanih krekerjev v 1-galonsko vrečko Ziploc. Zdrobite z valjarjem do konsistence finih drobtin.

f) Dodajte 1 C moke, 1/2 žlice začimbne soli ter po 1 čajno žličko popra in paprike. Pretresemo skupaj in damo v plitvo ponev ali skledo za enolončnico.

g) V manjši skledi stepemo 3 jajca.

h) Dodamo vodo, poper in dobro premešamo.

i) Z eno roko potopite gobe v jajčno vodo in pustite, da presežek odteče. Vmešajte v mešanico krekerjev.

j) Z drugo roko na vrh takoj stresite še mešanico krekerjev, da prekrijete celotno gobo. Odvečno količino stresite, da se v ponvi ne zažge.

k) Kuhanje
l) Postavite v segreto olje ... z razcepljeno stranjo navzdol. Nadaljujte, dokler ni posoda polna.
m) Kuhajte do rahlo zlate barve. Obrnite s kleščami in pecite drugo stran do zlato rjave barve. Za nekaj časa jih obrnemo nazaj, da se odvečno olje s spodnje strani bolje odcedi.
n) Položite na papirnate brisače ... z razcepljeno stranjo navzdol. Lahko rahlo solite, vendar NI potrebno. Nočete zakopati okusa gob ... Dobra ideja je, da najprej preizkusite okus.
o) Nadaljujte, dokler niso vse gobe kuhane ... Morda boste morali preprečiti željne potrošnike.

74.   Morel z drobtinami in parmezanom

Sestavine:
- 15-20 srednje velikih smrčkov opranih in razpolovljenih
- 1 skodelica krušnih drobtin
- 1 žlica mletega črnega popra
- 1 žlica zdrobljene morske soli
- 3 žlice fino naribanega parmezana
- 3-4 debele rezine srednje velikega čedarja
- 1 jajce za pranje jajc
- 4 palčke masla

navodila:

a) V plitvi skledi zmešajte vse suhe sestavine. (drobtine, parmezan, sol in poper)

b) V majhni ponvi segrejte zdravo količino masla.

c) Jajce stepemo in damo v ločeno plitvo skledo.

d) Kuhanje

e) Gobe pomakamo v jajčnem pireju in jih potresemo v mešanico krušnih drobtin, takoj damo na vroče maslo. Cvremo do hrustljavo zlato rjave barve.

f) odstranite iz ponve in gobe razporedite po majhnem pekaču za piškote, tako da na sredino vsakega položite 1/4-palčni trak čedarja.

g) Postavite v predhodno segreto pečico na 375 stopinj za približno 4-6 minut ali dokler se sir ne stopi.

h) Odstranite, pustite, da se ohladi in uživajte.

75.   V ponvi ocvrti smrčki

Sestavine:

- serija smrčkov, prepolovljenih, očiščenih in namočenih
- 2 skodelici koruznega zdroba
- $\frac{1}{4}$ mleka
- 1 deželno jajce
- 1 skodelica slanine
- 1 žlica črnega popra

navodila:

a) V široki plitvi skledi: zmešajte 1 podeželsko jajce z 1/4 c. mleko

b) V debelo papirnato vrečko: dodajte 2 c. koruznega zdroba z 1 t. zmešan črni poper.

c) V globoki dobro začinjeni litoželezni ponvi stopite slanino mast 1" globoko.

d) Naj bo dobro in vroče, vendar brez kajenja.

e) Zdaj potopite gobe v mešanico mleka in jajc in pustite, da se malo namakajo, medtem ko se vaša mast segreje.

f) Peščico poberite iz sklede in jih malo pretresite, da odstranite nekaj odvečne tekočine, nato pa jih vrzite v vrečko s koruzno moko.

g) Držite roko na dnu vrečke, da se ne zlomi, in nežno stresite.

h) Dodajte več gob in po vsakem dodajanju rahlo pretresite.

i) Ko so vsi zelo dobro obloženi, jih začnite polagati v eni plasti v vročo ponev.

j) Poskusite jih obrniti samo enkrat, tako bo vaš premaz bolje ostal.

JURČKI

76. Naribani zrezki z jurčki

Služi 2

Sestavine:

- 2 žlici sladkorja
- 1 žlica soli
- 5 strokov česna, drobno sesekljanih
- 1 žlica kosmičev pekoče rdeče paprike
- 1 žlica črnega popra
- 30 g suhih jurčkov, drobno mletih
- 60 ml oljčnega olja, plus dodatek za pokapanje
- 1 x 600-800 g rib-eye steaka, narezanega na 4 cm debelo
- Balzamični kis, za pokapanje

navodila:

a) V majhni skledi zmešajte sladkor, sol, česen, kosmiče rdeče paprike, poper, gobji prah in olivno olje, nato dobro premešajte, da nastane gosta, precej suha pasta. Zrezek enakomerno namažite s pasto. Zavijte v prozorno folijo in ohladite 12 ur ali čez noč.

b) Segrejte ponev. Odstranite zrezek iz hladilnika in odstranite odvečno marinado. Kuhajte na srednje močnem ognju 20-25 minut, obrnite vsakih 6 minut za srednje pečenje.

c) Pustite zrezek počivati 10 minut, nato ga narežite na rezine. Pokapljamo z oljčnim oljem in balzamičnim kisom ter postrežemo.

77.   Sojino vložene gobe

Služi za 4-6

Sestavine:

- 400 ml mleka
- 50 g masla
- 50 g koruznega zdroba ali rumene polente
- 40 g crème fraiche
- 75 g parmezana, naribanega, plus dodatek za postrežbo
- Sol in črni poper
- 4-6 svinjskih ali merjasčevih klobas

Za sojino vložene gobe

- 50 ml rastlinskega olja
- 1 majhna čebula, narezana na kocke
- 2 stroka česna, zdrobljena
- 400 g mešanice gozdnih gob
- 60 ml svetle sojine omake
- 60 ml vode
- 3 mlade čebule, drobno narezane
- 4 žlice sesekljanega ploščatega peteršilja

navodila:

a) Za pripravo zdroba zavrite mleko in maslo v srednje veliki ponvi.

b) Dodamo zdrob ali polento in med stalnim mešanjem kuhamo 3 minute. Odstavimo z ognja in pustimo, da se malo ohladi.

c) Primešamo crème fraiche in parmezan, začinimo, pokrijemo in pustimo na toplem.

78.   Gobji kalzon

Služi 2

Sestavine:

Za testo za pico

- 115 ml mlačne vode
- 1 čajna žlička hitrodelujočega posušenega kvasa
- 200 g močne bele moke
- ½ čajne žličke soli

Za nadev

- 200 g bivolje mocarele, odcejene in narezane na kocke
- Ekstra deviško olivno olje
- 1 strok česna, drobno sesekljan
- 1 čajna žlička posušenih čilijevih kosmičev (neobvezno)
- 225 g mešanih gob, narezanih, olupljenih in narezanih na 1 cm velike kocke
- Sol in črni poper
- ½ žlice listov limoninega timijana
- 3 žlice parmezana, drobno naribanega

navodila:

a) Za pripravo testa dajte 2 žlici mlačne vode v majhno skledo. Kvas potresemo z vodo in nežno premešamo s prstom. Odmerite moko v veliko skledo za mešanje. Ko se kvas raztopi in izgleda penasto, temeljito premešajte.

b) Dodajte 1 žlico moke in mešajte, dokler ne nastane gladka pasta. Pustimo vzhajati 30 minut. Povečalo se bo in podvojilo prostornino.

c) V preostalo moko vmešamo sol. Prilijemo kvasno mešanico. Dodajte 115 ml mlačne vode v prazno skledo za kvas, nato dodajte v mešanico. Z rokami mešajte, dokler ne nastane testo, nato pa ga obrnite na čisto površino. Gnetemo 10 minut.

d) Ko je testo svilnato gladko in elastično, ga razdelite na dve enaki krogli. Položimo na pomokan pekač in pokrijemo s čisto kuhinjsko krpo. Pustite na toplem, brez prepiha 2 uri ali dokler se ne podvojijo.

e) Pekač postavite na sredino pečice, nato segrejte na 230C/450C/plinska oznaka 8.

f) Mocarelo odcedimo in osušimo. Narežemo na 1 cm velike kocke in damo v cedilo. Nežno pritisnite, da sprostite nekaj odvečne vlage.

g) Ponev pristavimo na srednje močan ogenj. Dodajte 3 žlice oljčnega olja, nato česen in čili, če uporabljate. Takoj, ko začne cvrčati, dodamo na kocke narezane gobe.

h) Začinimo in med mešanjem hitro pražimo 3 minute oziroma dokler ne spustijo večine tekočine. Zmešajte limonin timijan in stresite v skledo. Ko se ohladi, vmešajte parmezan.

i) Testo za pico razvaljajte na dva diska s premerom približno 20 cm. Gobe razporedite po polovici vsake plošče testa in pazite, da ne prekrijete dvignjenega roba.

j) Po gobah raztresemo narezano mocarelo. Nepokrito polovico testa prepognemo čez nadev. Robove stisnite, da ne bo iztekel sok.

k) Pečemo 10 minut ali dokler se calzone ne napihne in postane hrustljav in zlat. Pred serviranjem premažite z malo olivnega olja.

79.   Šparglji in smrčki v vinaigrette

Dobitek: 4 porcije

Sestavine:
- 32 špargljevih sulic
- $\frac{1}{2}$ funta svežih smrčkov; razpolovljena, očiščena in obrezana
- $\frac{1}{4}$ unče posušenih jurčkov
- 1 skodelica piščančje juhe ali vode
- $\frac{1}{4}$ skodelice balzamičnega kisa

navodila:
a) Šparglje obrežite in blanširajte, dokler se ne zmehčajo, nato pa kuhanje ustavite tako, da jih potopite v hladno vodo. Odcedite in rezervirajte. Jurčke namočimo v juho ali vodo. Zavremo in zmanjšamo količino na $\frac{1}{4}$ skodelice. Obremenitev. V mešalniku zmešajte balzamični kis in vodo za namakanje gob.

b) Emulgirajte olje v osnovo in začinite s soljo in poprom. Šparglje kuhajte na pari 1 minuto, da se ponovno segrejejo in razporedite po toplih krožnikih.

c) Smrčke prepražimo na maslu, dokler ne spustijo soka. Povečajte toploto in dušite 2-3 minute. Vanj stresite smrčke⅔vinaigrette. Razdelite med rezine in okoli vsakega pokapajte malo vinaigrette.

80.   Modri sir in divje gobe

Dobitek: 3 porcije

Sestavine:
- 1 žlica nesoljenega masla
- 1 žlica olivnega olja
- 3 španske čebule; narezan na tanko
- 1 čajna žlička sladkorja
- 3 žlice olivnega olja
- 1 funt različnih divjih gob (portobello; šitake lisičke, jurčki)
- Sol in sveže mlet poper
- $\frac{1}{2}$ skodelice sveže mocarele
- 1 skodelica zdrobljenega modrega sira
- 1 pecivo

navodila:

a) V srednji ponvi segrejte maslo in olivno olje. Dodamo čebulo in sladkor ter počasi kuhamo do mehkega in karameliziranega. V veliki ponvi na močnem ognju segrejte olivno olje. Dodajte gobe in pražite do zlato rjave barve in kuhajte.

b) Začinimo s soljo in poprom po okusu. Predgrejte žar. Testo sploščimo, obilno namažemo z olivnim oljem in vržemo na žar.

c) Pecite na eni strani do zlato rjave barve, obrnite nanjo z mocarelo, čebulo in gobami ter modrim sirom.

KOSTANJKA GOBA

81. Puding iz gob in pora

Služi 8-10

Sestavine:

- 400 g kruhovih kock, odstraniti skorjo
- 2 žlici olivnega olja
- 1 žlica nesoljenega masla
- 50 g drobno narezane pancete
- 4 por, bele in zelene dele, narezane na rezine
- 1,2 kg narezanih kostanjevih gob
- 1 žlica svežih listov pehtrana, sesekljanih
- 30 ml srednje velikega ali suhega šerija
- Sol in črni poper
- Majhna pest sesekljanega peteršilja
- 4 velika jajca
- 600 ml dvojne smetane
- 250 ml piščančje juhe
- 170 g gruyera, naribanega

Navodila:

a) Pečico segrejte na 180C/350F/plinska oznaka 4. Kruh razporedite po pekaču in pecite 20 minut, da rahlo porjavi. Dati na stran.

b) Na zmernem ognju segrejemo olje in maslo. Dodamo panceto in jo pražimo 5 minut, dodamo por in kuhamo, da se zmehča. Dodajte gobe, pehtran, šeri, 1 žlico soli in $1\frac{1}{2}$ čajne žličke popra ter kuhajte 10-12 minut, dokler večina tekočine ne izhlapi, občasno premešajte. Odstranite ogenj, nato pa vmešajte peteršilj.

c) V veliki skledi zmešajte jajca, smetano, piščančjo osnovo in ⅔ od gruyere. Dodajte mešanico kruha in gob ter dobro premešajte. Odstavite za 30 minut.

d) Dobro premešamo in vlijemo v velik pekač. Potresemo s preostalim gruyerem in pečemo 45-50 minut, dokler vrh ne porjavi.

e) Postrezite toplo.

82.   Kostanj in gozdne gobe

Dobitek: 4 porcije

Sestavine:
- 2 žlici olivnega olja
- 1 strok česna, drobno narezan
- 8 unč gob Shiitake, obrezanih in narezanih
- 15 unč odcejenega konzerviranega kostanja, pakiranega v vodi
- Sol in sveže mlet črni poper

Navodila:
a) V ponvi segrejemo olivno olje in počasi pustimo, da česen porjavi. Šitake prepražimo do mehkega (po potrebi dodamo žlico vode, da se ne zažgejo).
b) Dodajte kostanj in prepražite, da ga ponovno segrejete, ter dobro začinite s soljo in veliko mletega črnega popra
c) Dobitek: 4 do 6 obrokov

83.   Roganske gobe

Služi 4

Sestavine:

- 2–4 posušeni čiliji
- 6 žlic rastlinskega olja
- 4 nageljnove žbice
- 6 zelenih strokov kardamoma
- 2 stroka črnega kardamoma
- 5 cm cimetove palčke
- 1 rezilo mace
- 10 zrn črnega popra
- 2 majhni čebuli, drobno sesekljani
- 2 velika paradižnika, narezana na četrtine
- 2 žlici jogurta
- 5 olupljenih strokov česna
- 20 g olupljene korenine ingverja
- 2 žlički mletega koriandra
- $\frac{3}{4}$ žličke mlete kumine
- ⅓ žličke kurkume
- $\frac{3}{4}$ čajne žličke garam masale ali po okusu
- Sol, po okusu
- 30 g nesoljenega masla
- 500 g različnih gob, kot so šitake, kostanjevi in ostrigarji
- Pest koriandrovih listov, sesekljanih

Navodila:

a) Posušene čilije pražimo v suhi ponvi, da rahlo potemnijo, pogosto jih stresamo. Prelomite na pol in stresite semena, nato pa zmeljte v prah. V veliki ponvi proti prijemanju segrejte 4 žlice olja.

b) Dodamo cele začimbe in pražimo 10 sekund. Dodamo čebulo in jo pražimo, dokler se ob robovih dobro ne zapeče.

c) Medtem paradižnik, jogurt, česen in ingver zmiksajte do gladkega. Dodamo k čebuli z mletimi začimbami in nekaj soli.

d) Kuhajte, občasno premešajte, dokler se masala popolnoma ne reducira in spusti kapljice olja nazaj v ponev. Med pogostim mešanjem na močnem ognju še naprej kuhajte 4-5 minut. Dodamo 350 ml vode, zavremo, pustimo vreti 3-4 minute, nato pustimo na toplem.

e) V veliki ponvi segrejte 1 žlico olja in polovico masla. Dodamo polovico gob, potresemo s ščepcem soli in pražimo pet minut, da na robovih karamelizirajo. Ponovite s preostalim oljem, maslom in gobami. Vlijemo jih v omako, dobro premešamo, nato pa začinimo.

f) Po potrebi dodamo malo vode – omaka mora biti gosta, a ne preveč lepljiva. Dušimo 3-4 minute in postrežemo, potresemo s koriandrom.

CREMINI

84.   Crimini gobe Crostini

Naredi 24

Sestavine:

Crostini

- 16-unčna bageta, diagonalno narezana na 24 kosov
- 2 žlici oljčnega olja ali več po potrebi
- 1 velik strok česna, olupljen, prerezan na pol

Gobe

- 1 žlica oljčnega olja
- 1 velika šalotka, olupljena, sesekljana
- 3/4 funta majhnih gob crimini, očiščenih, narezanih na tanke rezine
- 2 žlici mletega svežega rožmarina
- 2 žlici mletega svežega žajblja
- Vejice rožmarina za okras po želji

Navodila:

a) Za pripravo krostinov: Predgrejte brojlerja. Rezine bagete položite na ponev za brojlerje.

b) Vsako rezino premažite z malo olivnega olja in podrgnite z odrezano stranjo česna. Postavite pod brojlerje in pecite, dokler rahlo ne porjavijo in postanejo hrustljavi.

c) Odstranite iz brojlerja in pustite, da se ohladi.

85. Crimini in korenčkova marinada

Služi 10

Sestavine:

- 8 unč gob crimini
- 1 skodelica vode
- 1/2 čajne žličke soli
- 8 unč majhnih korenčkov, obrežite vrhove in očistite
- 12 unč artičok, prepolovljenih
- Oblačenje:
- 1/4 skodelice olivnega olja
- 1/4 skodelice balzamičnega kisa
- 2 žlički svežega kopra
- 1/4 čajne žličke soli
- 1/4 čajne žličke popra
- 1/2 skodelice pečene rdeče paprike, juliena

Navodila:

a) V veliki ponvi zmešajte gobe, vodo in 1/2 čajne žličke soli. Zavremo in zmanjšamo toploto. Pokrijte in dušite nekaj minut. Dodamo korenje in ponovno zavremo. Ogenj zmanjšamo in pokrito kuhamo še 2 minuti. Odcedimo in ohladimo zelenjavo ter jo zmešamo s srčki artičok.

b) V mešalniku ali kozarcu zmešajte oljčno olje, kis, koper, sol in poper ter dobro pretresite. Prelijemo čez zelenjavo in zabelimo. Hladite, dokler se ne ohladi, do 2 dni. Pred serviranjem segrejte na sobno temperaturo. Okrasite s trakovi rdeče paprike in koprom.

86. Gobova "rižota" s feto

Služi 4

Sestavine:

- 2 žlici olivnega olja
- 1 funt narezanih gob crimini
- 1-1/4 skodelice (8 oz.) orzo testenin
- 1 pločevinka 14-1/2 unč dušenih paradižnikov na italijanski način
- 1 pločevinka 13-3/4 unč piščančje juhe
- 1/4 skodelice zdrobljene bazilike in feta sira z okusom paradižnika

Navodila:

a) V veliki ponvi segrejte olje, dokler ni vroče. Dodamo gobe in kuhamo toliko časa, da se zmehčajo in spustijo sok. Vmešajte orzo, paradižnik, piščančjo juho in 1/2 skodelice vode.

b) Pokrito dušimo in občasno premešamo, dokler se orzo ne zmehča in ne vpije večine tekočine. Vmešajte feta sir in postrezite.

87. Štrudelj z gobami

Služi 6

Sestavine:

- 2 šalotki, sesekljani
- 1/2 skodelice belega vina
- 8 oz. krimini, narezani
- 8 oz. šitake, narezane
- 1 1/2 skodelice težke smetane
- 1/2 čajne žličke timijana, svežega
- Sol in črni poper po okusu
- 1 jajce, pretepeno
- 12 4-palčnih kvadratov listnatega testa

Navodila:

a) Gobe in šalotko kuhamo v vinu, dokler vino ne izhlapi. Dodamo smetano, timijan ter sol in poper.

b) Zmanjšajte na polovico in ohladite za nekaj ur oziroma dokler se krema ne strdi. V testo dajte 1 okroglo čajno žličko gobove mešanice, prepognite in premažite z jajčno vodo.

c) Pečemo v pečici približno 8-12 minut oziroma do zlato rjave barve. Segrejte preostalo gobovo mešanico in postrezite s štrukljem.

88.   Kremna gobova juha

Služi 2

Sestavine:
- 2 žlici masla
- 1 (embalaža 6 oz.) gob crimini
- 2 srednje veliki mleti šalotki
- 1/4 čajne žličke madžarske paprike
- 1 žlica moke
- 1 skodelica piščančje juhe
- 1/2 čajne žličke suhega timijana, zdrobljenega
- 1/4 skodelice smetane za stepanje
- 2 žlici kisle smetane ali rahle kisle smetane

Navodila:
a) Stopite maslo, šalotko in pražite na srednjem ognju 5 do 10 minut, dokler ne porjavi in se zmehča. Gobe naj oddajajo tekočino, ko izpari, vmešamo papriko.
b) Dodamo moko in mešamo, da postane gladka in zgoščena. Dodamo timijan in dušimo 10 minut. Vmešamo smetano in kislo smetano.

89.   Crimini gobova enolončnica

Sestavine:
- 3 lbs. Crimini gobe
- 1 paket 16 oz. zeliščni nadev
- 3/4 lb ostrega sira, naribanega
- 1 1/4 skodelice pol in pol

Navodila:
a) Gobe narežemo in na kratko blanširamo.
b) Namastite pekač velikosti 9x13". Sestavine nanesite po plasteh, začenši z gobami, sirom, nadevom in ponovite na koncu z nadevom.
c) Ne premažite z maslom. Pred peko enolončnico prelijemo s pol-n-pol. Pečemo pri 350 stopinjah 30 minut.

90. Linguine z gobami in omako

Sestavine:

- 8 oz. nekuhane lingvine
- 2 žlici olivnega olja
- 1 skodelica narezane čebule
- 1 lb svežih gob crimini
- 1 čajna žlička mletega česna
- 1 kozarec (7 oz.) pečene rdeče paprike, odcejene in narezane
- 1/4 čajne žličke soli
- 1/8 čajne žličke črnega popra
- 1 1/2 skodelice krutonov (Cezar ali italijanski okus)
- 1/3 skodelice parmezana

Navodila:

a) Kuhajte rezance do konca. Odcedite in prihranite 1/2 skodelice tekočine. Testenine položite v veliko servirno skledo. V veliki ponvi na srednji temperaturi segrejte oljčno olje, dokler ni vroče.

b) Dodajte čebulo in kuhajte, dokler se rahlo ne zmehča. Dodajte gobe in kuhajte, dokler se ne zmehčajo - približno 5 minut.

c) Vmešamo papriko, sol in poper po okusu. Dodamo preostanek vode, prelijemo lingvine. Vmešajte krutone, sir in postrezite.

91. Gobove špinačne testenine

4 porcije

Sestavine:
- 3 žlice (45 ml) ekstra deviškega oljčnega olja
- ½ skodelice na tanke rezine narezane šalotke ali rdeče čebule, približno 1 velika ali 2 srednji
- košer sol
- 10 unč (275 g) belih gob, narezanih na koščke
- 8 unč (225 g) gobjih klobukov portobello, narezanih
- 2 stroka česna, drobno sesekljana
- ½ čajne žličke zdrobljenega rdečega čilija
- Sveže mleti črni poper po okusu
- 8 unč (225 g) posušenih rezancev pappardelle ali fettuccine ali 1-funt svežih testenin
- ¼ skodelice (60 ml) rosé ali suhega belega vina
- 3 žlice (45 g) masla
- ¼ skodelice naribanega parmezana
- 5 unč (150 g) listov mlade špinače

Navodila:
a) Velik lonec osoljene vode zavremo.
b) Veliko (12-palčno) ponev postavite na srednji ogenj. Dodajte oljčno olje in šalotko v ponev skupaj s ½ čajne žličke košer soli. Kuhajte, dokler se šalotka ne zmehča, ob pogostem mešanju približno 5 minut.
c) V ponev v eni plasti dodamo gobe. Kuhajte nemoteno 5 minut, nato jih potresite s ½ žličke soli in jih premešajte s šalotko. Vmešajte česen, čili in črni poper ter nadaljujte s kuhanjem še 5 minut oziroma dokler se ne zmehčajo in spustijo soka.
d) Medtem ko se gobe kuhajo, v vrelo vodo dodajte testenine in jih skuhajte po navodilih na embalaži. Odtok.
e) Ogenj pod gobami povišamo na srednje visoko in prilijemo vino. Pustite, da brbota in kuhajte 2 minuti. Mešajte

maslo, dokler se ne stopi. Odstranite ponev z ognja in v ponev dodajte $\frac{1}{4}$ skodelice sira in špinačo. Mešajte, dokler listi ne ovenejo.

f) V ponev dodamo kuhane testenine in jih nežno prelijemo z omako. Postrezite v skledah z dodatnim sirom, potresenim po testeninah. Natočite si kozarec vina in uživajte!

PORTOBELLO

92.   Portobello gobova juha

Služi 6

Sestavine:

- 300 ml enojne smetane
- 1 liter mleka
- 200 ml hladne vode
- 1 velika čebula, narezana na kocke
- 50 g masla
- Sol
- 250 g gob portobello, drobno narezanih
- 100 g šampinjonov, na drobno narezanih
- 50 ml temnega sladkega vina madeira
- 4 lovorjeve liste
- 200 ml dvojne smetane
- Črni poper
- 6 majhnih lovorovih listov za serviranje

Navodila:

a) Eno smetano, mleko in vodo počasi zavrite v veliki kozici.

b) Medtem v drugi ponvi skupaj z maslom, 2 lovorjevima listoma in nekaj soli počasi popražimo čebulo. Ko čebula postekleni, dodamo gobe in kuhamo na močnejšem ognju, dokler vlaga ne pokuha. Dodamo vino madeira in ga zmanjšamo na lepljivo glazuro.

c) Prilijemo vrelo smetano, dobro premešamo in ponovno zavremo. Kuhajte največ 5 minut, odstranite liste in nato gladko premešajte.

d) Če ste dvojno smetano čez noč prepojili z lovorjevimi listi, jih odstranite, preden smetano stepete do rahlega Chantillyja – mora se zgostiti in nejevoljno padati z žlice. Sicer z metlico vmešajte narezane lovorjeve liste.

e) Juho postrežemo z žlico dvojne smetane, malo popra in majhnim lovorovim listom.

93.   Napihnjena gobova omleta

Služi 2

Sestavine:

- 20 g masla
- 1 žlica oljčnega olja
- 2 veliki gobi, drobno narezani
- 1 banana šalotka, narezana na tanke rezine
- 3 jajca
- 100 ml naravnega jogurta
- 1 žlica bazilike, sesekljane
- 1 žlica sesekljanega peteršilja
- ½ žlice drobnjaka, sesekljanega

Navodila:

a) V veliki, pokriti ponvi segrejte maslo in olje. Gobe prepražimo, ne prepogosto mešamo, da se obarvajo.

b) Dodamo šalotko in kuhamo do mehkega. Ogenj zmanjšajte na najmanjši možni plamen.

c) Zmešajte jajca in jogurt, nato pa začinite z izdatnim ščepcem morske soli in popra. Stepajte z električno metlico (ali močno ročno), dokler ni zelo penasta.

d) Zmes stresemo v ponev, dodamo zelišča in pokrijemo.

e) Kuhajte, dokler ne napihne in popolnoma strdi.

94. Romanski pečeni portobellos

Dobitek: 4 porcije

Sestavine:
- 6 unč gob Portobello
- ½ funta špagetov
- Sol in poper
- ½ skodelice najljubše juhe
- 1 skodelica sesekljane čebule
- 1 skodelica sesekljane rdeče paprike ali jajčevca ali 1/2 skodelice vsakega
- 1 strok česna, mlet
- 2 žlici sveže mletega peteršilja
- 1 pločevinka (16 unč) paradižnikove omake
- 1 čajna žlička vegetarijanske Worcestershire omake
- ½ čajne žličke posušenega origana
- ¼ skodelice naribanega parmezana brez maščobe

Navodila:
a) Pečico segrejte, da se zapeče. Prinesite velik lonec vode, da zavre. Gobe očistimo, začinimo s soljo in poprom ter pražimo nekaj minut na obeh straneh.
b) Medtem v vreli vodi skuhamo testenine do al dente. Gobe narežemo na dolge trakove širine približno ½. Odcedite testenine, jih položite v enolončnico, rahlo poškropljeno s Pam, in na vrh položite gobe. Zmanjšajte temperaturo pečice na 350 stopinj Fahrenheita.
c) V ponvi zavrite juho.
d) V juhi približno pet minut dušite čebulo, česen, peteršilj in papriko/jajčevce. Dodajte paradižnikovo omako, Worcestershire omako in origano ter kuhajte še dve minuti. Prelijemo čez testenine in gobe. Potresemo s sirom.
e) Pokrijte in pecite približno 30 minut.

95.   Portobello zrezki na žaru

Dobitek: 1 obrok

Sestavine:
- 4 veliki klobučki gob Portobello
- omaka za žar
- ½ čajne žličke soli
- ¼ čajne žličke sveže mletega popra

Navodila:
a) Pripravite žar.
b) Pokrovčke gob obrišite s papirnato brisačo; vsak pokrovček premažite z 1 omako za žar ter potresite s soljo in poprom.
c) Razporedite gobe s pokrovčkom navzdol na žar; šotor s folijo. Pecite 3 do 5 minut na srednje nizkem oglju. Odstranite folijo; vsako gobo namažite z 1 žlico omake. Gobe obrnite in premažite z drugo 1 žlico omake.
d) Pečemo na žaru še 3 do 5 minut, dokler se ne zmehčajo, ko jih prebodemo z vilicami. Postrezite s preostalo omako za žar, po želji pogreto. Za 4 porcije.

96.   Zajtrk portobellos s šitakami

Dobitek: 4 porcije

Sestavine:
- 4 srednje velike do velike sveže kape portobello, 4-6 palcev v premeru; očiščen
- 3 žlice olivnega olja
- 4 unče gob Shiitake; odstranimo stebla in narežemo klobuke
- ½ majhne čebule; drobno narezana
- 1 skodelica svežih koruznih zrn
- ⅓ skodelica Opečenih pinjol
- ½ skodelice ocvrte, zdrobljene slanine (opcija)
- Sol
- 8 jajc

Navodila:
a) Pečico segrejte na 400 stopinj. V velik pekač položite pokrovčke portobello, s škrgami navzgor, in pecite 5 minut. Medtem v veliki ponvi na močnem ognju segrejte olje. Dodajte šitake, čebulo in koruzo; Pražite, dokler gobe niso mlahave in koruza mehka, 3-4 minute. Če uporabljate, dodajte pinjole in slanino ter dobro premešajte. Dobro začinite.
b) Odstranite gobe iz pečice in mešanico šitak enakomerno razdelite na 4 klobuke gladilne površine. Pazimo, da pokrovčki ležijo čim bolj ravno, da jajčka med peko ne zdrsnejo na eno stran. Na vrh vsake gobe razbijte 2 jajci.
c) Jajca rahlo posolimo in posodo vrnemo v pečico. Pecite, dokler jajca niso pečena po vaših željah, nato pa takoj postrezite.

97. Piščančja madeira s portobello

Dobitek: 1 obrok

Sestavine:
- 4 velike polovice piščančjih prsi brez kosti
- 8 unč Portobellos; debelo narezan
- 1 skodelica večnamenske moke
- 2 žlici masla
- 2 žlici olivnega olja
- Sol in sveže mlet poper po okusu
- 1 žlica svežega italijanskega peteršilja ali bazilike; mleto
- Vzmeti svežega italijanskega peteršilja ali bazilike
- $\frac{1}{2}$ skodelice suhega vina Madeira
- $\frac{1}{2}$ skodelice piščančje juhe

Navodila:
a) Piščančje prsi eno za drugo položite med 2 lista povoščenega papirja. Kose piščanca s stranjo, s katere smo odstranili kožo, položimo navzdol na povoščen papir in jih nežno sploščimo s kladivom.

b) Sploščite jih na približno $\frac{1}{4}$-palčno debelino. Tolčenje piščanca ima dva namena; 1) povečati prsi in kar je najpomembnejše 2) enakomerno debelino, da bo čas kuhanja enakomeren.

c) Na čistem kosu povoščenega papirja zmešajte moko, sol in poper. Vsako piščančjo prso potresemo z začinjeno moko; dvignite za en konec in nežno otresite odvečno moko. Vsak poprašen kos piščanca položite na drug kos povoščenega papirja in ne dovolite, da bi se prekrivala.

d) V veliki, globoki ponvi proti prijemanju stopite 2 žlički masla in 2 žlički oljčnega olja. Ko sta maslo in olje segreta (zavrepeta), dodamo gobe. Na močnem ognju pražimo toliko časa, da gobe rahlo porjavijo in se zmehčajo ter da vsa tekočina izhlapi. Odstranite gobe iz ponve in jih postavite na stran.

e) Gobe začinite s soljo, poprom in peteršiljem ali baziliko. Vrnite ponev na srednje visoko vročino. Dodajte preostalo maslo in olivno olje. Dodajte piščanca v ponev in najprej skuhajte stran brez kože.

f) Piščančje prsi pražite 2-3 minute na vsaki strani. Ne prekuhajte. Piščanca prenesite na velik krožnik in pokrijte s folijo. ALI Prav tako lahko kuhane piščančje prsi hranite v topli pečici (150-200 stopinj) na velikem krožniku.

g) Ko so vse piščančje prsi popražene, odlijemo odvečno maščobo iz ponve, pustimo le nekaj kapljic v ponvi. Prilijemo vino in piščančjo juho ter na zmernem ognju postrgamo po dnu ponve, da zrahljamo vse delce, ki so se prijeli dna, in jih raztopimo v tekočini. ALI Ponev lahko deglazirate na bolj tradicionalen način. V ponev dodajte vino in pražite na močnem ognju, dokler se prostornina ne zmanjša za polovico, približno 2 do 3 minute.

h) Dodajte piščančjo juho in dušite na močnem ognju, dokler se prostornina ne zmanjša za polovico, približno 1 minuto.

i) Vrnite portobellos v ponev. Okusite in po potrebi prilagodite začimbe. Prelijte omako čez piščanca. Postrezite.

j) Piščanca postrezite na krožniku, okrašenem s svežimi vejicami italijanskega peteršilja ali bazilike, ne glede na to, katero zelišče ste izbrali za jed.

98.   Lazanje z jajčevci in portobello

Dobitek: 1 obrok

Sestavine:
- 1 funt paradižnika Plum; razčetverjen
- 1½ skodelice grobo sesekljane čebulice komarčka
- 1 žlica olivnega olja
- Rastlinsko olje v spreju proti prijemanju
- 4 veliki japonski jajčevci; obrezane, vsako razrežemo po dolgem na štiri
- ⅓Palec debele rezine
- 3 srednje velike gobe Portobello; stebla obrežemo, klobuke narežemo
- 1 žlica riževega kisa
- 3 skodelice listov špinače; splaknjen
- 4 tanke rezine nemastnega sira mozzarella
- 2 pečeni rdeči papriki iz kozarca; odcejeno, narežemo na 1/2-palčne široke trakove
- 8 večjih listov bazilike

Navodila:
a) Te posamezne zelenjavne terine lahko sestavite en dan prej.
b) Pečico segrejte na 400°F. Paradižnike in koromač razporedite po steklenem pekaču velikosti 13x9x2 palcev. Pokapajte olje; premešajte, da se premeša. Pecite, dokler se koromač ne zmehča in začne rjaveti, približno 45 minut. Kul.
c) 2 pekača proti prijemanju popršite z rastlinskim oljem. Na pripravljene plošče razporedimo rezine jajčevcev in gob. Pecite, dokler se zelenjava ne zmehča, približno 30 minut za rezine jajčevca in 40 minut za gobe. Mešanica paradižnika v procesorju. Prenesite v cedilo nad skledo. Pritisnite na trdne snovi, da izvlečete tekočino; zavrzite trdne snovi. Kis vmešamo v tekočino. Vinaigrette začinite s soljo in poprom.

d) Špinačo mešajte v veliki ponvi proti prijemanju na srednje močnem ognju, dokler ne oveni, približno 1 minuto. Odstranite z ognja.

e) Pečico segrejte na 350°F. Štiri posode s kremo po $1\frac{1}{4}$ skodelice poškropite z rastlinskim oljem. Vsako posodo obložite z 2 rezinama jajčevcev v križnem vzorcu.

f) Potresemo s soljo in poprom. Vsako potresemo s $\frac{1}{4}$ špinače. Na vrh vsakega položite 1 rezino mocarele. Čez razporedite trakove paprike, nato baziliko in gobe.

g) Na vrh položite preostale rezine jajčevca in jih narežite, da se prilegajo. Potresemo s soljo in poprom. Vsako posodo pokrijemo s folijo. (Vinaigrette in lazanje lahko pripravite 1 dan vnaprej. Pokrijte ločeno; ohladite.) Pecite lazanje, dokler niso zelo mehke, približno 25 minut. Odstranimo folijo. Z majhnim nožem zarežite zelenjavo, da se zrahlja. Obrnite na krožnike. Prelijte vinaigrette.

99.   Sendvič z gobovim zrezkom in pesto

SLUŽBA 4

Sestavine:
- 2 skodelici zamrznjenega vrtnega graha Birds Eye
- 1 skodelica listov rukole
- 1 majhen strok česna, olupljen
- $\frac{1}{4}$ skodelice drobno naribanega parmezana
- $\frac{1}{4}$ skodelice pinjol, opečenih
- 3 žlice ekstra deviškega oljčnega olja
- 4 gobe portobello
- 4 rezine popečenega kruha iz kislega testa
- Vodna kreša in naribana redkev, za serviranje

Navodila:
a) Kuhan Birds Eye Peas odcedimo in $\frac{1}{2}$ skodelice graha odstavimo. Preostali grah, rukolo, česen, parmezan, pinjole in 2 žlici olja dajte v kuhinjski robot in pretlačite do pireja. Začinimo po okusu. Prihranjen grah premešajte skozi grahov pesto.

b) Gobe zložimo na pekač, obložen s papirjem za peko, in jih pokapamo s preostalim oljem. Postavite pod predhodno segret žar in pecite 2 minuti na obeh straneh, dokler rahlo ne porjavi.

c) Na kruh namažite grahov pesto, nanj položite gobe, vodno krešo in redkvico. Postrezite takoj.

100.   Pica na žaru Bianca portobellos

Dobitek: 4 porcije

Sestavine:
- 1 žlica plus 1 žlička česna; mleto
- Deviško oljčno olje
- 4 4" stebla gob portobello zavržemo
- 20 rezin jajčevca; izrežite 1/8" debelo
- 2 skodelici naribanega sira fontina v ohlapnem pakiranju
- $\frac{3}{4}$ skodelice sveže naribanega parmezana
- $\frac{1}{2}$ skodelice sira Gorgonzola; razpadla
- Testo za pico
- $\frac{1}{4}$ skodelice ploščatega peteršilja; sesekljan

Navodila:
a) Pripravite ogenj na oglje iz trdega lesa in rešetko za žar postavite 3 do 4 centimetre nad oglje.

b) V skledi zmešajte česen z $\frac{1}{4}$ skodelice olivnega olja. Z oljem obilno namažite gobe in jajčevce.

c) V drugi skledi zmešajte fontino, parmezan in gorgonzolo. Pokrijte in ohladite. Ko se na žerjavici začne pojavljati bel pepel, je ogenj pripravljen.

d) Gobove klobuke pečemo na žaru, dokler se ne zmehčajo in skuhajo, približno 4 minute na vsako stran. Rezine jajčevcev pecite na žaru, dokler niso mehke, približno dve minuti na stran. Gobove klobuke narežite na $\frac{1}{8}$ palca debelo in jih postavite na stran z jajčevci.

e) Testo za pico razdelite na štiri enake kose. 3 kose hranite pokrite. Na velikem, rahlo naoljenem neobrobljenem pekaču z rokami razporedite in sploščite četrti kos testa, da oblikujete 12-palčno prosto obliko, okroglo približno 1/16-palčno debelo; ne naredi ustnice.

f) Testo nežno položite na vročo rešetko, v minuti se bo testo rahlo napihnilo, spodnja stran bo otrdela in pojavile se bodo sledi žara.

g) S kleščami skorjo takoj obrnite na segret pekač in namažite z oljčnim oljem. Po skorjici raztresemo četrtino mešanih sirov, peteršilja in zelenjave na žaru.

h) Pico pokapljamo z olivnim oljem. Potisnite pico nazaj proti vročemu oglju, vendar ne neposredno čez dele, ki se močno segrejejo; pogosto preverjajte spodnjo stran, da vidite, da ni zoglenela. Pica je pripravljena, ko se siri stopijo in zelenjava segreje, 3 do 4 minute.

i) Pico postrezite vročo z žara. Ponovite postopek za pripravo preostalih pic.

ZAKLJUČEK

Raznolikost vrst, tekstur in okusov, ki so na voljo v svetu gob, je podobna raznolikosti sadja. Zato je nenavadno misliti, da ker oseba ne mara ene vrste gob, ne bi marala vseh ali celo nobenega recepta, ki vključuje gobe.

Velikost vrst gob je pogosto spregledana. Ko ljudje slišijo besedo »goba«, pogosto pomislijo na gobe Belo dugme iz trgovine, pri čemer popolnoma spregledajo raznolikost arom, okusov in tekstur, ki so na voljo v svetu divjih gob!

Verjamem, da vam je ta kuharska knjiga predstavila nov raznolik svet gob in vem, da boste uživali v kuhanju iz te knjige!

Milton Keynes UK
Ingram Content Group UK Ltd.
UKHW020636091023
430221UK00014B/600

9 781835 645994